「詰め方」のルールがわかれば
センスはいらない!

寝る前につくる
美しいお弁当

.co

KADOKAWA

はじめに

はじめまして、はなこと申します。私は、ひとつ屋根の下に4世代が暮らす大家族の末っ子として生まれました。祖父母が丹精込めて育てたお米と新鮮な野菜を、母が手際よく料理する……。その横に並んで調理を手伝うのが大好きな子どもでした。食べることの大切さや楽しさを、自然と学びながら育った気がします。

社会人になって実家を離れてからも料理は続けていましたが、結婚を機に夫にお弁当をつくるようになってから、私の「お弁当づくり」への考え方が変わりました。夫は、始発で出勤し夜遅くに帰宅するハードな毎日。やりがいをもって仕事に取り

組む姿を尊敬する一方で、プレッシャーを感じているところも間近で見てきました。そんな夫から唯一ほっとできるのはお昼の時間だと聞き、「食べるときくらい心が穏やかになるようなお弁当をつくってあげたい！」と思ったのがいまのお弁当づくりの原点です。

どうすれば幸福度が上がるような見栄えのいいお弁当をつくることができるのか……。もちろんおいしさや、毎日のことですから効率のよさも重要です。試行錯誤してたどり着いたのは、「作り方・詰め方のコツはパターン化できる」ということ。この一冊に私のノウハウをギュッと詰め込みました。ぜひご活用いただけたらうれしく思います。

Hanaco

なんだか
パッとしない。
せっかくつくるなら
見栄えも良く
して喜んで
もらいたい……

自分でつくるお弁当にテンションが上がらない

あるとき、お弁当のふたを開けて、見栄えがいいと食欲が増して、テンションも上がることに気がつきました。同じおかずでもお弁当は詰め方次第で変わるんだ！と思ったのです。

このBEFOREのお弁当も、入っているおかずは変えずに詰め方だけを変えました。

さみしさを助長する余白や地味さをなくす工夫、切り方での変化など、守るだけで失敗せず、お弁当づくりが楽になるルールとコツをぜひ覚えてください。

一見普通だけど地味なお弁当……

BEFORE

地味弁を解消する方法とは……

詰め方を

1、お弁当箱のサイズを見直してみる

詰め方の最大のポイントは
白いごはんが見える面積を減らすこと。
やや小さいサイズのお弁当箱の方が同じ
おかずの量でも、隙間なく詰められます。

2、笹や野菜を使って仕切る

おかずとおかずの間に余白や空間があると
お弁当が寂しくなるので、立体感の出せる
笹や、フリルがかわいいレタスなどを使うと
少し賑やかに。

＼同じおかずでこの変化／

3、メインおかずは大胆に配置

カットしてしまいがちなおかずも、ごはん
の上にドーンと大胆に配置することでメ
リハリのあるお弁当に変身。ホイル焼き
などをそのままのせるのもおすすめ！

4、平たいものは立てかける

平たいおかずは他のおかずや、クッションになる野菜、
ごはんを使ってとにかく立てかけます！
立体感を出してのっぺりさせない工夫を！

変えるだけ

コツが分かれば こんなに 見違える!

5、細長いものは長さを活かす

3と同様に、すべてを同じサイズ、大きさでカットしてしまうとのっぺりとした印象になるので、長いものは大胆に置いてメリハリを。

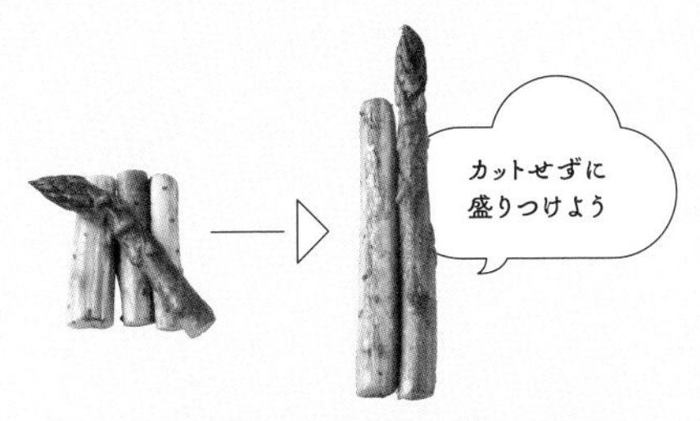

6、卵焼きは切り方、焼き方で見違える

卵焼きはお弁当の定番でマンネリ化しやすいので、いつもと切り方を変える、焼き方を楕円からまん丸にするなどして変化をつけるのがおすすめ(P.56でバリエーションを紹介)。

7、漬物は花のように盛る

ラディッシュの塩もみ、大根の塩もみなど、薄く切って塩もみした漬物は、花びらのようにして隙間を埋めると一気におしゃれに!

さらに……

この本で紹介する
お弁当はすべて
寝る前につくっているんです！
朝バタつかず、
詰め方を変えるだけで
この見栄え。

保存法についてはP.16とP.61をよくお読みください

そんな、
お弁当づくりのコツを
紹介します。

★寝る前につくるお弁当のコツはP.60〜

始発で出発する夫のためにたどり着いたのが夜のお弁当づくり

始発に乗る夫にお弁当をつくるためには4時起きする必要がありました。私も会社員として働いていたので、毎日続けるのは現実的に難しく、夜寝る前につくることに。

ごはんがかたくなっておいしくない、おかずから汁気が出て味が薄くなるなどの問題を試行錯誤しながら解決し、やっと現在の〝冷めてもおいしいお弁当〟にたどり着きました。

冷めてもおいしいハンバーグやから揚げなど、ぜひ参考にしてみてください。

Contents

Chapter 2.
朝ラク・冷めてもおいしい寝る前につくるお弁当

Chapter 3.
繰り返しつくりたくなるメインおかずと、色別サブおかず

Chapter 4. 主食のバリエーション

この本の使い方

表記について

- ●本書で使用している計量の単位は大さじ1=15mℓ、小さじ1=5mℓ、1カップ=200mℓです。
- ●おろししょうがやおろしにんにくはチューブでもかまいません。
- ●だししょうゆがなく、しょうゆを使用する場合は、塩分濃度が違うので味を確認しながら使用してください。
- ●材料の野菜は特に記載がない場合は洗って皮をむき、根、種、ワタ、筋を取り除くなどの下処理をしてから調理してください。ただし、さつまいも、かぼちゃは特に記載がない場合は皮をむかずに使用しています。
- ●電子レンジは600Wのもの、オーブントースターは1300W（約200℃）のものを基準にしています。
- ●加熱調理の火加減はガスコンロを基準にしています。
- ●魚焼きグリルは両面焼きタイプの焼き時間です。片面焼きタイプの場合は指定の時間焼いたあと、返してさらに2〜3分様子を見ながら焼いてください。

お弁当についての注意点

（P.61もよく読んでつくりましょう）

【調理するとき】

- ●調理前やお弁当箱に詰める前には、きちんと手を洗いましょう。手や指に傷がある場合は、調理用の手袋などを使用してください。
- ●調理器具やお弁当箱は洗剤できれいに洗い、きちんと乾燥させてから使いましょう（無塗装の曲げわっぱはP.154のお手入れ方法参照）。
- ●レシピで加熱しているおかずは、中までしっかりと火を通してください。とくに卵料理は半熟にならぬようしっかり加熱してください。

【詰めるとき】

- ●本書では前日の夜中におかずをつくり、しっかりと粗熱をとってからお弁当箱に詰め、冷蔵庫へ入れています。
- ●基本的に夕食の残りを入れることはありませんが、残り物を詰めるときは詰める直前に必ず十分に再加熱しましょう。
- ●ごはん、おかずは完全に冷ましてからお弁当箱へ移してください。その際は、乾いた清潔な箸やスプーン、使い捨て手袋などを使用しましょう。
- ●水分が多いと細菌が増えやすくなるので、おかずの汁気、生野菜や果物の水気はよく切りましょう。

【持っていくとき】

- ●冷蔵庫から取り出した後の温度差がお弁当を傷める原因となるので、お弁当箱に保冷剤を必ず添えてください。
- ●お弁当は冷蔵庫やなるべく涼しいところで保管し、早めに食べきるようにしましょう。
- ●電子レンジがある場合は温め直してから食べることをおすすめしますが、冷たいままでもおいしく食べられます（気温が28℃以上になる真夏は傷むのを防ぐため、温め直すと安心して食べられます）。

【温め直すとき】

曲げわっぱを使用している場合は、おかずを耐熱皿に取り出し、ラップをふんわりとかけて電子レンジで加熱してください。

曲げわっぱについて

詰める前に、一度水にくぐらせ、ふきんなどで水気を拭きます。ごはんのこびりつき、おかずのにおい移りを防げます。

Chapter 1.

いつものお弁当が見違える

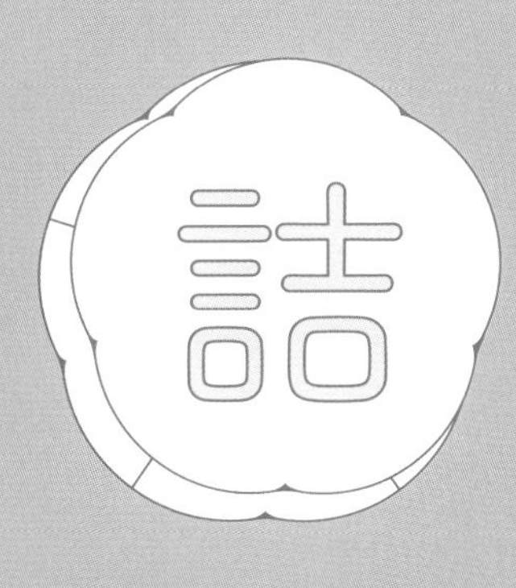

め方のコツ

お弁当の詰め方はセンスがなくてもコツさえつかめば大丈夫！このパートでは、私が普段使っているお弁当箱、詰めるときに必要なもの、詰め方のコツ7選を紹介。実際にマネてみることでいつものお弁当がグンと見違えるはずです。

この本で使用するお弁当箱の種類

普段からよく使っているおすすめのお弁当箱を4つ紹介します。詰めやすさ、持ち運びやすさの定番は小判形ですが、魅せ弁なら丸形がイチオシ!

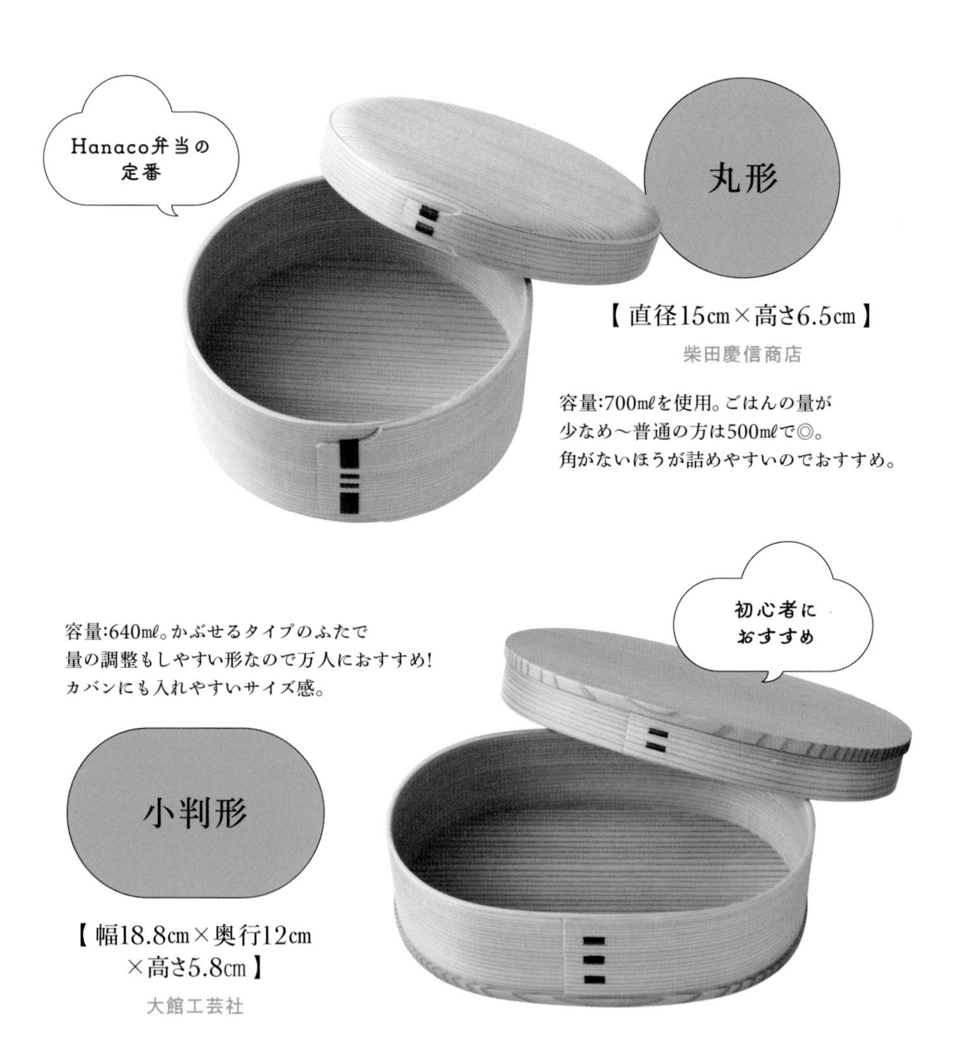

【直径15cm×高さ6.5cm】

柴田慶信商店

容量:700mlを使用。ごはんの量が少なめ〜普通の方は500mlで◎。角がないほうが詰めやすいのでおすすめ。

容量:640ml。かぶせるタイプのふたで量の調整もしやすい形なので万人におすすめ!カバンにも入れやすいサイズ感。

【幅18.8cm×奥行12cm×高さ5.8cm】

大館工芸社

冷めてもおいしいから

木製がおすすめ

天然木を使用したお弁当箱は吸水性・通気性に優れているので
時間が経ってもごはんがふっくら！ 抗菌効果があるのも魅力の一つ。

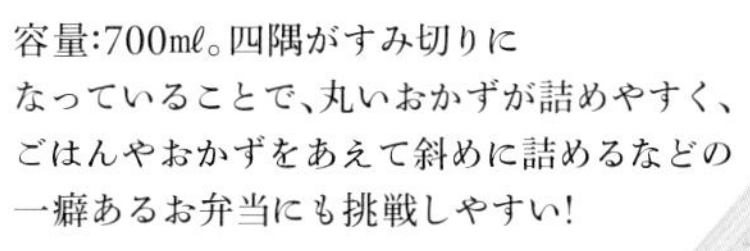

容量:700mℓ。四隅がすみ切りに
なっていることで、丸いおかずが詰めやすく、
ごはんやおかずをあえて斜めに詰めるなどの
一癖あるお弁当にも挑戦しやすい！

正方形

【 縦14.4cm×横14.4cm
×高さ5.7cm 】

DOUBLE＝DOUBLE FURNITURE

角があるのは
少し上級者向け

角があると隙間ができやすく、
詰めるのが難しいのですが、
ギュッと詰めた後の見栄えは
最高におしゃれ。

長方形

【 縦16cm×横11cm
×高さ5.8cm 】

輪島キリモト
あすなろのBENTO-BAKO
（阪神梅田本店オリジナル）

お弁当箱のサイズの選び方

お弁当をおしゃれに詰めるコツは、お弁当箱のサイズを間違えないこと。購入時にチェックしたいポイントを紹介します。

容量の目安

＝ 400〜500mℓ
ごはんをお茶碗1杯程度食べる方

＝ 650〜700mℓ
ごはんをお茶碗1杯半以上食べる方

“少し小さめ”を選んでごはんが見える面積を減らす

【Hanaco流詰め方】

小さめのサイズを選び高さが出るようにふちまで詰める

ごはんが見える面積を減らすのがポイント。おかずとごはんの高さをそろえて、ふちまで詰めるとおしゃれに。

【一般的な詰め方】

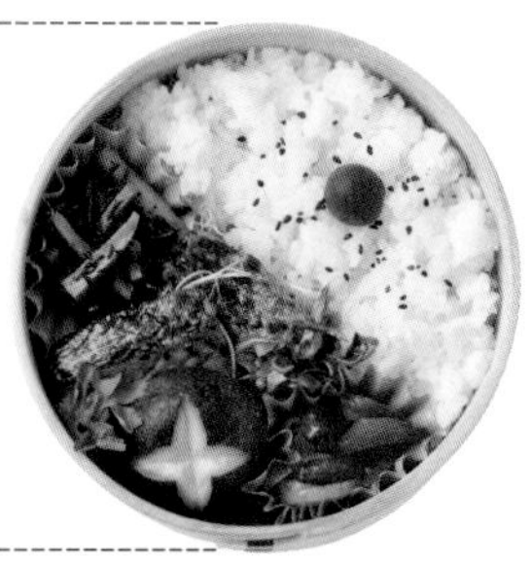

おかず ごはん

ごはんエリアとおかずエリアが1：1

NGではありませんが、おかずの量によってはスカスカになってしまうことも。

同じサイズでも深さで変わる

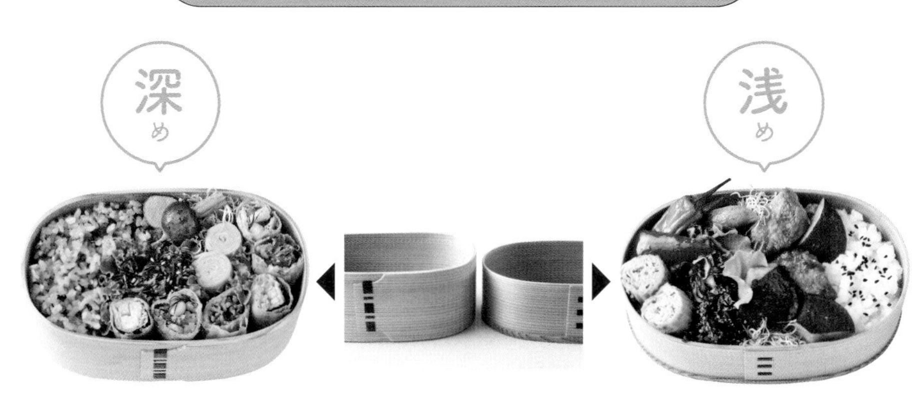

おかずを立てかけたい
ときは深めを選んで

春巻き、肉巻きなど、おかずを
立てかけたいときは深めが使えます。

普段使いなら
浅めがおすすめ

浅めのタイプを使って
あふれさせるほど詰めるのがコツ!

ふたの形によっても詰められる量が変わる

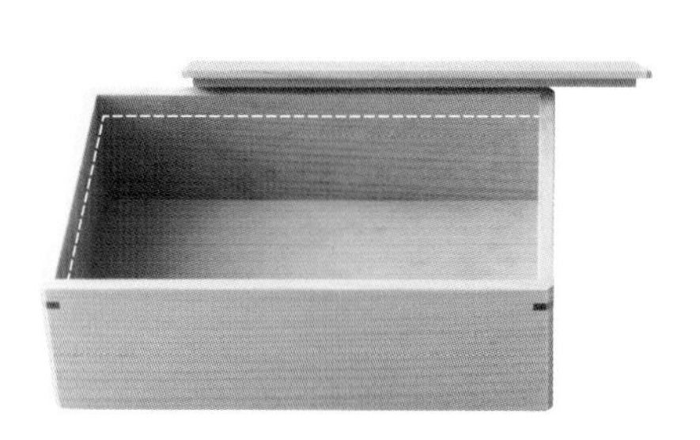

ふたの凹みの分
スペースをあけて盛る

おかずを詰めすぎるとふたが
閉まらないので、小さすぎない
サイズを選ぶのがポイントです。

少しはみ出ても
上から閉められる

ふたをかぶせるタイプのお弁当箱は、
あふれるくらい詰められるので、
小さめサイズを選ぶのがおすすめ。

詰めるときにあると便利なもの

お弁当を華やかにするためには、
「仕切り」「隙間埋め」となる
笹や野菜が欠かせません。普段よく
使用しているものを紹介します。

1／笹の葉

仕切り

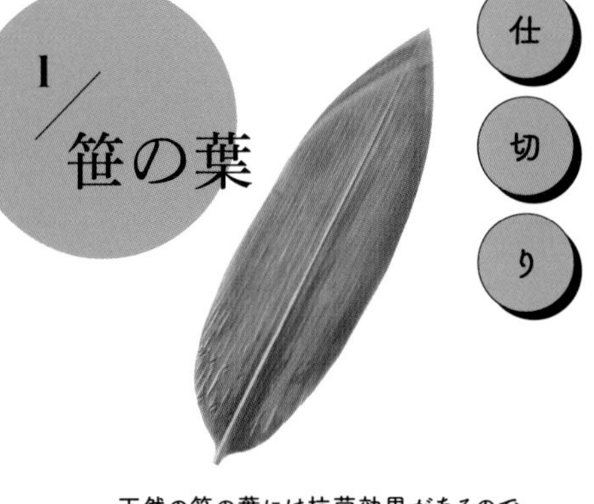

天然の笹の葉には抗菌効果があるので
バランがわりにおすすめ!
これひとつでお弁当がランクアップ!

まとめ買いして
冷凍!

生笹は真空パックになって100枚入りで
売っているものを購入し、10枚ずつの束にして
冷凍しています。蒸し調理、レンジ加熱可。

【使い方】

抗菌効果も!

半分に折って

半分に折り曲げれば
仕切りとしても使えます!

長さを活かして

敷く、仕切るが1枚で自在。写真のように
折り返して使えばおかず同士の味移りも
気になりません。

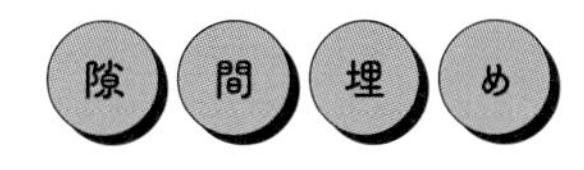

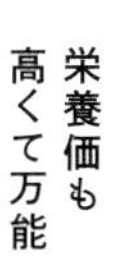

スプラウト

栄養価も高く、敷く・隙間を埋める・
上に散らすなど、とにかく万能！

チャービル・イタリアンパセリ

おかずとおかずの隙間に散らして
境目を隠すようにするとおしゃれに。

風味がアクセントに

ディル

隙間を埋めるというより、
上にちょこっとのせてかわいさを演出！

定番で
手軽な葉物

2／レタス類

レタスは、サニーレタス、
グリーンリーフ、
フリルレタスなど、種類も
豊富なので好みのものを。

抗菌作用や
風味づけに

3／青じそ

抗菌効果があり、
バランがわりに最適。
風味づけにもピッタリ。

フリルが
かわいさを演出

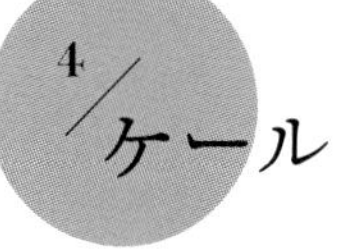

4／ケール

味の好みはありますが、
水分が出ずベチャッと
しないのでお弁当向き！

茶色か
透明のものを

5／おかずカップ

おかずの彩りを邪魔
しない茶色か透明の
ものを。小さめを選んで
カップが隠れるほど
おかずを盛って。

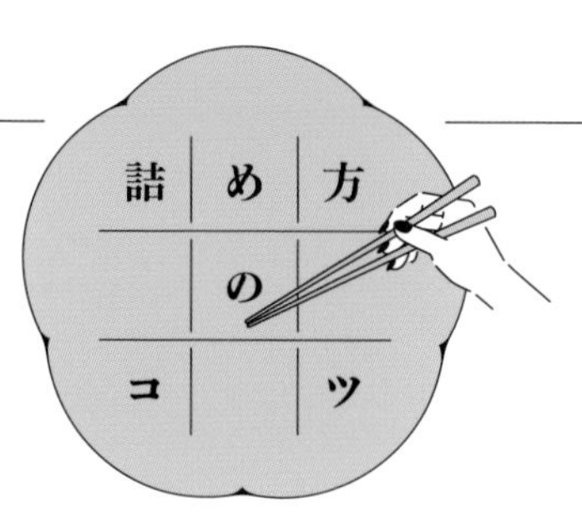

（1.）不ぞろいのメインおかずには目をひく円形のものをプラス

炒めものなど形が固定できないバラバラのおかずが入るときは、全体がぼやけた印象に。円形のものを1つでも入れるとメリハリが生まれます。

しょうが焼き
弁当

◎鮭のだし巻きおにぎり…P.137

◎しょうが焼き…P.94

メリハリアップ

◎パプリカのだしマヨ…P.115

◎紫キャベツの
スイチリ和え…P.117

詰め方のコツ1を実践

悩み

お弁当にメリハリがない

メインおかずだけでなく副菜もナムルやサラダなどの形が固定できない不ぞろいのおかずの場合、さらに全体にメリハリがなく、さみしい印象に……。

これで 解決！

解決！1 円形おかずのバリエーションを増やす

P.44の「詰め方のコツ(6)」で紹介するようなおかずもおすすめ。卵焼きを丸く巻くだけでも◎。

解決！2 ごはんを丸めるだけでもOK！

時間がない場合は、ごはんを丸おにぎりにするのも手。これだけで見違えます！

円形おかずの
詰め方
バリエーション

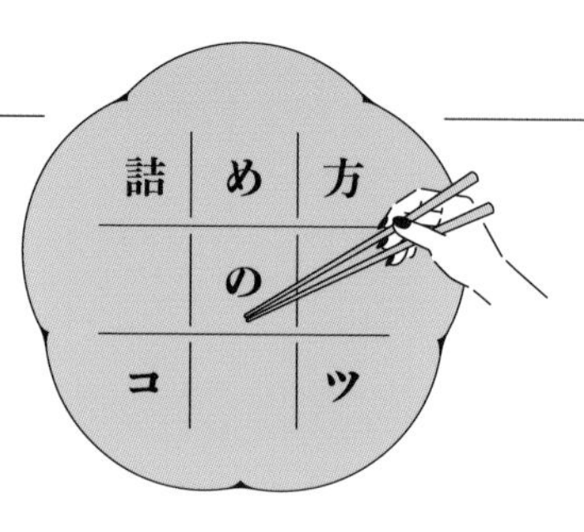

2.

メインおかずは野菜で仕切りサブおかずはカップをしのばせる

カップに盛りがちなメインおかずは、レタスなどの野菜で仕切ると華やかな見た目に。おかずカップはお弁当箱になじむ小さめのものを使い、カップのふちを見せないように盛りつけましょう。

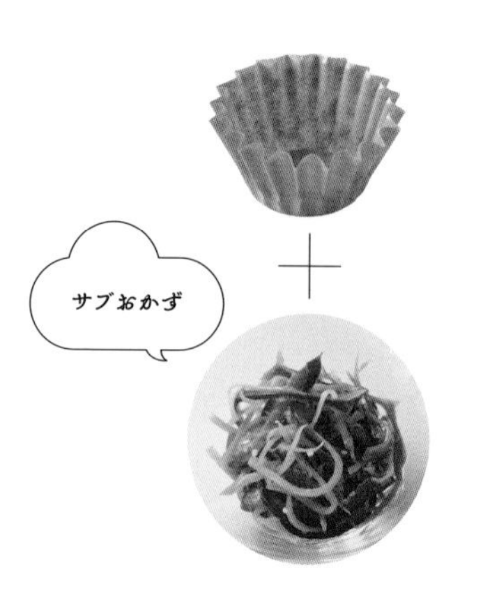

えびマヨ
弁当
◎えびマヨ…P.105
◎ほうれん草の
だし巻き卵…P.58
ケールや
レタスを常備
カップは
見せない
◎オクラのから揚げ…P.108
◎パプリカとにんじんのナムル…P.115

詰め方のコツ2を実践

悩み

カップで仕切ると子どもっぽい……

カップを使えば詰めるのは簡単だけど、見た目がイマイチ……。

これで 解決！

解決！1

フリルレタスなどで仕切る

笹の葉や青じそでもOK。ごはんとおかずの境目をなくすのがポイントです。

解決！2

茶色・透明のカップやワックスペーパーを活用

おかずとなじむ色を使い、カップを隠すように盛りつけるのがコツ。

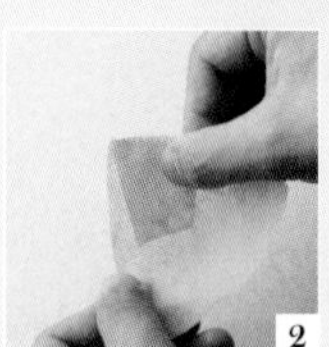

ワックスペーパーや笹を丸めるだけでかわいいおかずカップに。

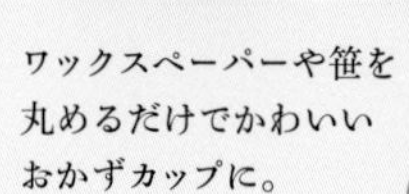

野菜で仕切る
詰め方
バリエーション

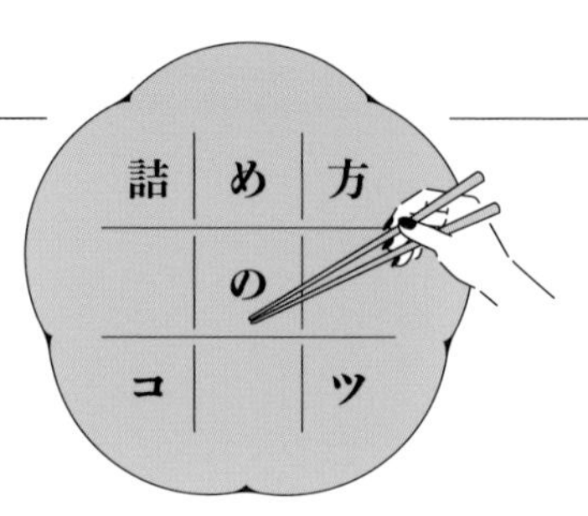

3.

転がりやすいおかずはごはんに押しつける

煮物、ミートボール、から揚げなど、転がりやすいおかずはごはんの横に盛りつけてみましょう。カップいらずの簡単テクニック♪

鶏肉と
さつまいもの
甘辛炒め
弁当
◎鶏肉とさつまいもの
甘辛炒め…P.93
◎彩り野菜の揚げびたし…P.121
ごはんにオン
◎紫キャベツの
スイチリ和え…P.117
◎春菊のごま和え…P.110
◎ねぎ入り
まん丸卵焼き…P.58

詰め方のコツ3を実践

悩み

おかずが転がって詰めにくい

大きくて場所をとるのにまとまらない……こうなると他のおかずを詰めるスペースにも悩みます。

これで解決！

解決！

ごはんを斜めに盛っておかずを押しつける

ごはんは傾斜をつけるように盛るのがポイント。おかずとごはんの高さをそろえるのにも役立ちます。

ごはんに押しつければ崩れにくく、ごはんが見える面積も少なくなりおしゃれに。

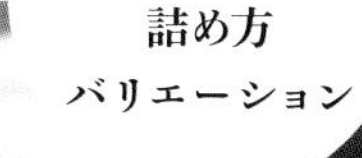
ごはんに
押しつける
詰め方
バリエーション

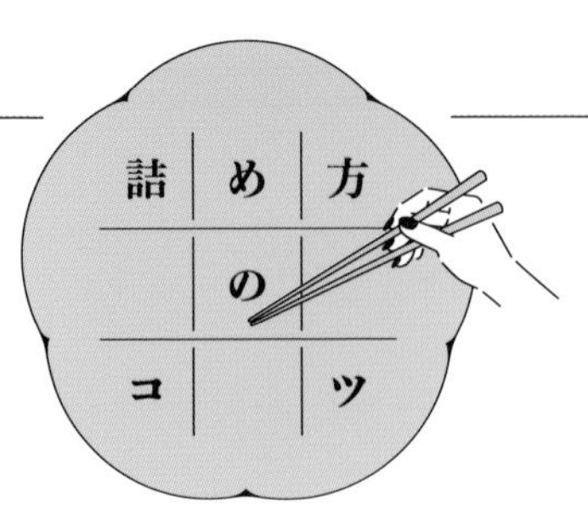

4.

大きなメインおかずはあえて大胆に配置

おかずとごはんを1:1で盛っていたときには思いつかなかったのですが、思い切ってのせてみたらケータリングのようなおしゃれな見栄えに！

◎サーモンのガリバタポン酢…P.102
ごはんとおかずは
高さをそろえる
◎ラディッシュの
塩もみ…P.118
◎ゴーヤの
肉詰め…P.97
◎まん丸オムレツ…P.58
サーモンの
ガリバタポン酢
弁当

詰め方のコツ4を実践

悩み

おかずは多いのにさみしい印象のお弁当に……

おいしそうですが、ごはんが見える範囲が広いとさみしい印象になってしまうのが少し残念。

これで解決！

解決！

切らずに大胆に置いてみる

ごはんに段差をつけるのがポイント。
おかずが沈まないように底上げします！

ペーパートレイのつくり方

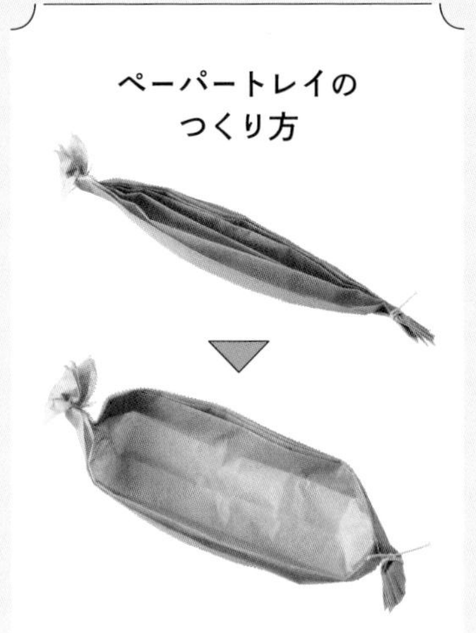

クッキングシートを20cm程度でカットし、蛇腹に折る。
両端をタコ糸などで結べば完成！

大胆に配置する
詰め方
バリエーション

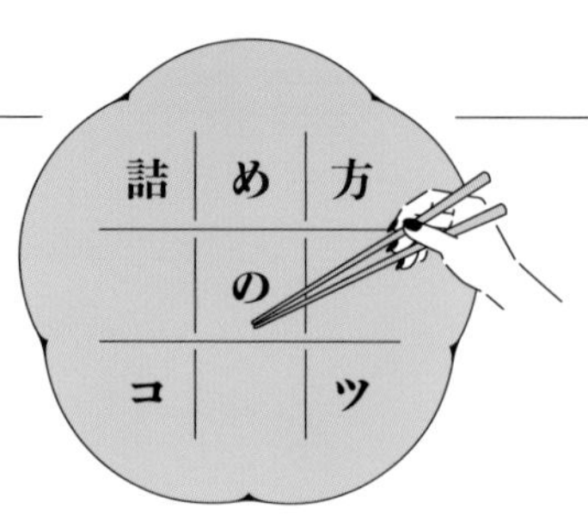

5.

平たいおかずは野菜を敷いて立てかける

平たいおかずは、カップにも入れづらいので立てかけるのがおすすめ。立体感のあるお弁当に仕上がります。

詰める

◎カニかまのおにぎり…P.137

◎鮭のごま照り焼き…P.103

カップを使わず立てかける

◎にんじんのだしマヨ…P.112

◎ちくわとオクラの肉巻き…P.98

鮭のごま照り焼き弁当

詰め方のコツ5を実践

重ねることでのっぺりとした印象に……

横にした状態で重ねてしまうと
メリハリがなく、のっぺりとした印象に。

これで解決！

立てかけてメリハリをつくる

解決！

野菜を敷いてクッションにすることで、
おかずがすべりにくく隙間埋めに。
ごはんへの味移りをガードしたい場合は、
レタスやケールなどの葉物がおすすめです。

立てかける
詰め方
バリエーション

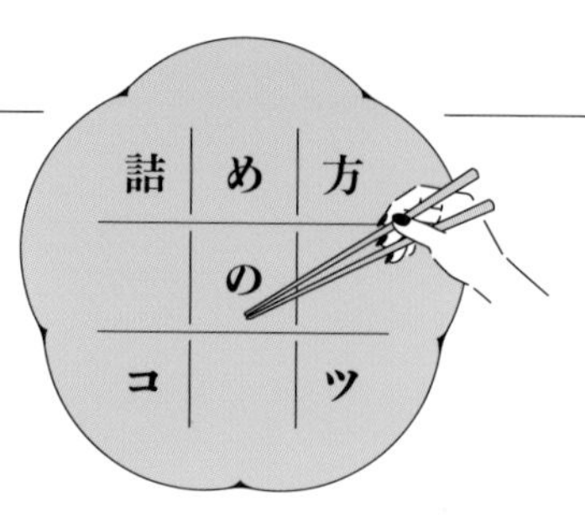

(6.)

巻き物の断面を魅せる

肉や卵やのりで巻くだけなのに、手の込んだ一品に見えるのが巻き物おかずの魅力。カットしたときの断面、彩りを考えるのも楽しい。

◎紫キャベツのナムル…P.116

◎ラディッシュのソテー…P.118

◎くるくる卵焼き…P.58

具材の色味も
意識!

◎春巻き…P.99

春巻き色々
弁当

詰め方のコツ6を実践

できたてはおいしいけれど、時間が経つとくたくたになる春巻きはお弁当に入れるのが難しい……

春巻きはお弁当に入れるとへなっと平たくなる

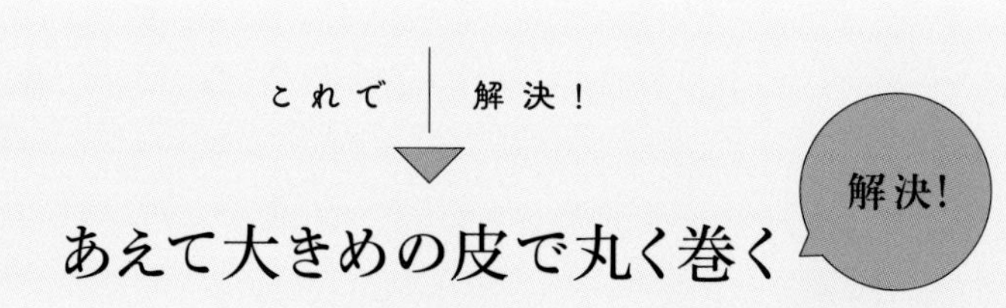

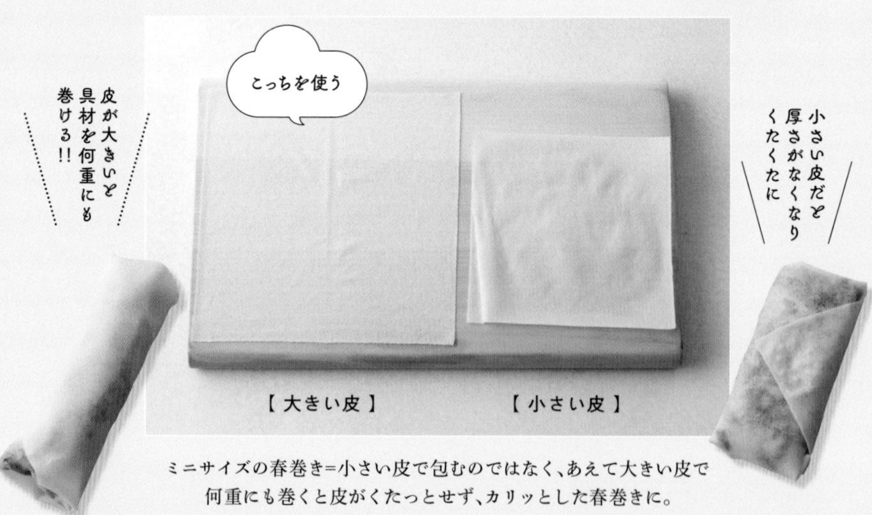

ミニサイズの春巻き=小さい皮で包むのではなく、あえて大きい皮で何重にも巻くと皮がくたっとせず、カリッとした春巻きに。

春巻きの巻き方

具はこんもりのせる

丸く巻くので具は広げず、
上にこんもり盛るイメージで！

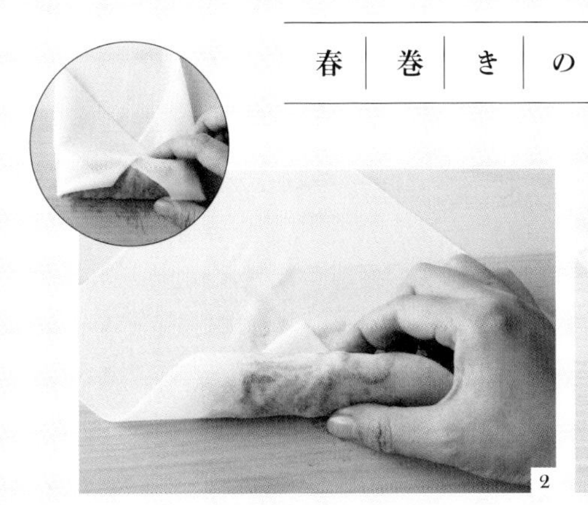

平たくしないように丸く巻く！

隙間ができないように
キュッとしめながら巻きます。

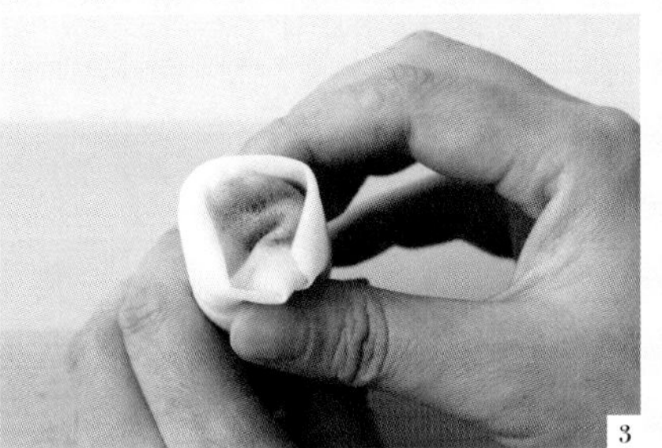

横から見たら筒状に
なっていればOK。

「春巻きレシピ」「火を使わない
春巻きの具バリエーション」はP.99で紹介。

まん丸春巻きの完成！

立てて
盛りつけ

使える!

お弁当を華やかにする
巻き物バリエーション

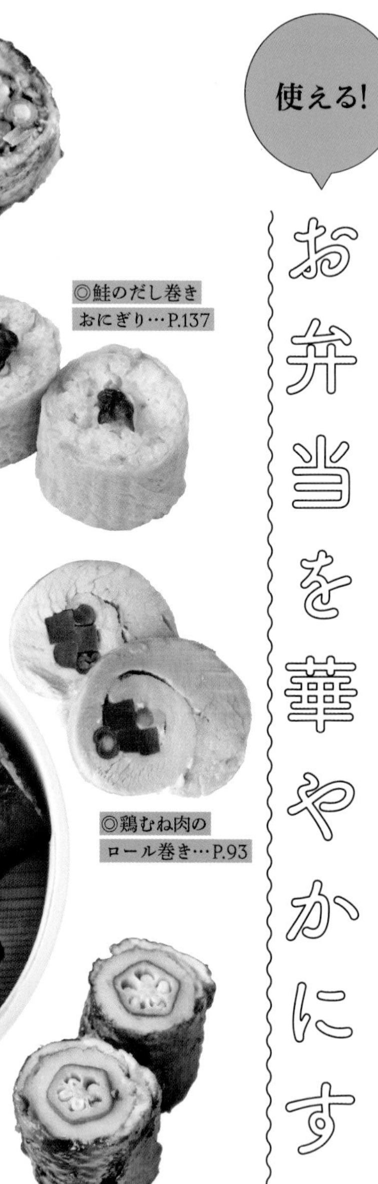

◎ひまわり肉巻き…P.148

◎四海巻き…P.146

◎鮭のだし巻きおにぎり…P.137

◎鶏むね肉のロール巻き…P.93

◎キンパ…P.128

◎くるくる卵焼き…P.58

◎ちくわとオクラの肉巻き…P.98

巻き物おかず
詰め方
バリエーション

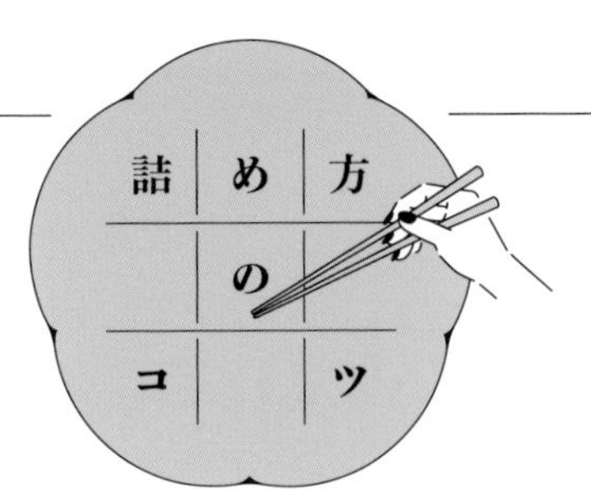

7.

細長いおかずは長さを活かす

アスパラガスやソーセージなど、長さのあるものはあえて切らずに配置させてみるとお弁当のいいアクセントになります。

アスパラの
肉巻き
弁当

◎アスパラの肉巻き…P.98

◎しいたけとかぼちゃの
白だし煮…P.120

◎紫キャベツの
スイチリ和え…P.117

良い
アクセントに♪

◎小えびの
まん丸卵焼き…P.58

◎甘酢しょうがの
キャロットラペ…P.111

1 ごはんの詰め方を変える

いつものお弁当に飽きてきたら
ごはんとおかずの詰め方を変えるだけでこの美しさ!

いつも同じ感じに

おかずは多いのに なんか普通

これで 解決!

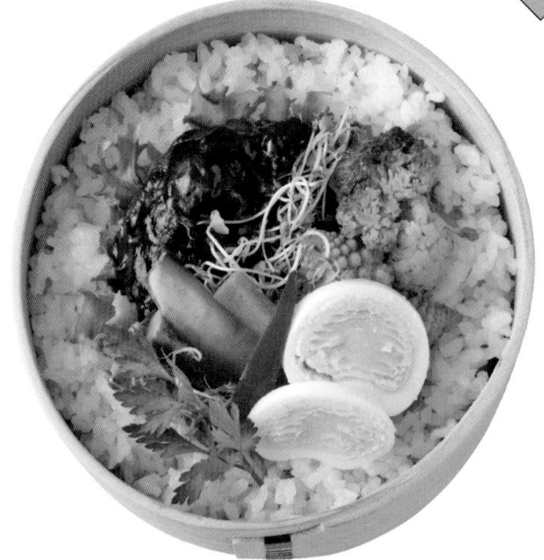

解決! 1 中央をあけてごはんを盛る

ハンバーグやから揚げなど、大きなおかずをあえて中央に盛ると花のような見栄えに!

＼おかずは中央に
盛りつける！／

解決！
2

ごはんを両サイドに盛る

ごはんとおかずの境目を
なくすため、フリルレタスを
たっぷり敷き詰めるのがコツ。

＼これだけでお店風の仕上がり！／

解決！
3

ごはんを対角線上に分けて盛る

見た目がおしゃれなだけでなく、
この詰め方ならおかずカップや仕切りも不要！

2

野菜の切り方で見た目に変化をつける

切り方を変えるだけでマンネリを解消! おすすめの調理法も紹介します。

にんじん
Carrot

炒め物、煮物、火を通さないサラダなどにも

【ピーラーで薄切り】
包丁いらず&レンチンでOK

【輪切り】
花びらの形や飾り切りにするのもおすすめ

【せん切り】
塩もみしてサラダやナムル、炒め物に最適

ピーマン
Green Pepper

ピーマンはさっと加熱して食感を残して

【細切り】
炒めものに。繊維に沿って切ると食感◎

【乱切り】
見栄えを良くしたいときにおすすめ!

オクラ
Okra

断面がお弁当向き!和え物や揚げ物に

【乱切り】
炒め物、揚げ物におすすめ。見栄えも◎

【小口切り】
チンしてだししょうゆをかけるだけでも

紫キャベツ
Purple Cabbage

彩りをプラスするのに最適なので欠かせない

【さいの目切り】
炒める、ひじきに混ぜるなど彩りに使える

【せん切り】
塩もみすればナムル、コールスローなど万能

ズッキーニ

Zucchini

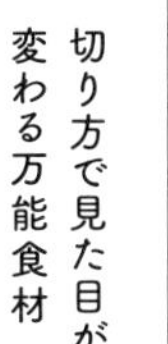

切り方で見た目が変わる万能食材

【くし形切り】

揚げびたしなど汁気を吸わせるレシピに

【半月切り】

炒め物におすすめ

【輪切り】

焼き目をつけてカリッとさせると◎

れんこん

Lotus Root

切り口を活かしてお弁当を華やかに

【乱切り】

あんに絡ませる、食感を残す調理に

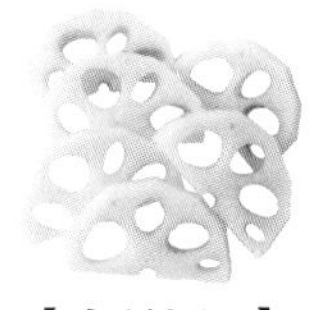

【半月切り】

フリットや甘辛炒めなどに

【薄切り】

チップスにして断面を魅せるとかわいい

パプリカ

Bell Pepper

赤と黄色どちらもあると彩りのあるお弁当に

【乱切り】

お弁当に彩りを添えたい時に使える

【細乱切り】

あんに絡めるなどの調理法におすすめ

【せん切り】

ピーマンと合わせて3色にするのも◎

かぼちゃ

Pumpkin

薄切り、角切り、つぶして丸めるなど変幻自在

【つぶして丸める】

つぶして丸めるとコロンとかわいい

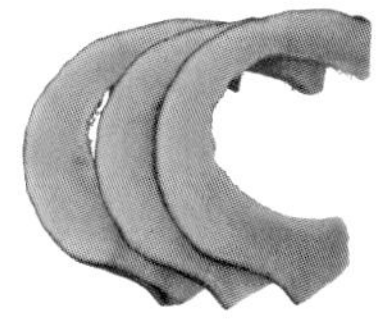

【薄切り】

焦げ目をつけて焼いたり、肉巻きにも！

ラディッシュ

Radish

彩り、隙間埋めに！葉つきで使うのもおすすめ

【飾り切り】

かわいい見た目と彩りでお弁当が華やかに

【くし形切り】

そのままでも、葉つきのまま焼いてもOK

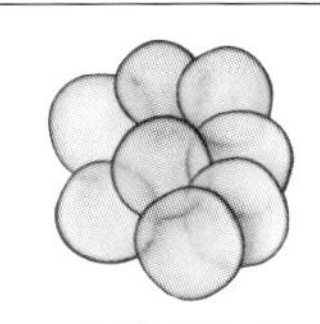

【薄切り】

塩もみに。ぎゅっと握って花びら風にしても

3

卵は形を変えて驚きの9変化

その日のメニューに合わせてバリエーションを変えればマンネリ知らず!

※お弁当に入れる卵のおかずは、きちんと火を通してください。

くるくる渦巻き状にするとかわいい

Change 1.

1 卵焼き器で薄焼き卵をつくり、縦半分に切ります。

2 2枚を上下に重ねます。

3 2枚一緒に手前からくるくると巻きます。

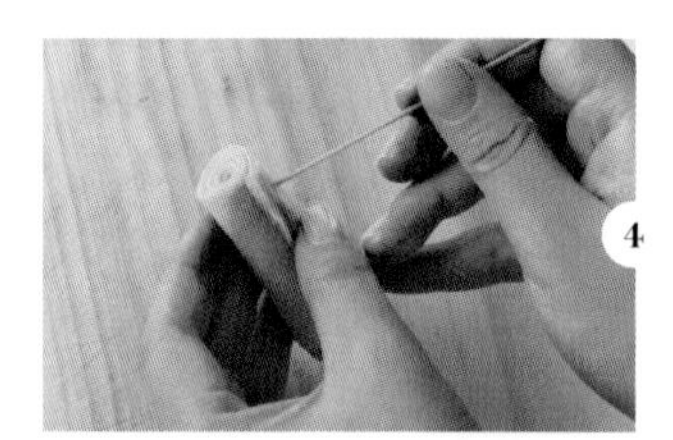

4 巻き終わりに揚げパスタを刺して留めます。（※パスタは食べる頃にはやわらかくなります）

かわいい見た目でお弁当も華やか（P.130で紹介）

Change 2.

具を詰めて巻くのもおすすめ

卵焼き2種
巻きすで巻くと
かわいい丸に
Change
4.
好みの食材を巻けば
バリエーション無限
Change
3.
オムレツ2種
Change
6.
ラップで巻いて
レンジ加熱!
切らずに詰めると
インパクト大
Change
5.
ゆで卵
見た目はもちろん、
食べ応えも満点
Change
8.
薄切りは何枚か
並べて盛って
Change
7.
いり卵
お弁当に詰めるときには
火が完全に通っている
のを確認して!
火から下ろしてから
菜箸でほぐします
Change
9.

卵焼き ＆ オムレツ レシピ

好みの葉野菜に変えてもOK

ほうれん草のだし巻き卵

材料（1人分）と作り方

1. ほうれん草½株は3〜4cm長さに切り、ラップに包んで電子レンジ（600W）で30秒加熱する。水気を絞り、粗熱をとる。
2. ボウルに卵１個を割り入れ、白だし小さじ½、水小さじ1、砂糖ひとつまみを加えて溶きほぐし、1を加えて「だし巻き卵」と同じように焼く（最後のひと巻きは卵液だけで巻くと、ほうれん草が中心にいくので断面がきれいに仕上がる）。

風味よく、後味さっぱり

ねぎ入りまん丸卵焼き

材料（1人分）と作り方

1. 小ねぎ適量は小口切りにする。ボウルに卵1個を割り入れ、小ねぎ、鶏ガラスープの素小さじ¼、水小さじ1を加えて混ぜ合わせる。
2. 「だし巻き卵」と同じように焼き、焼きあがったら巻きすで形を整え、粗熱がとれるまで輪ゴムで固定しておく。

ラップで包んでレンジで加熱！

まん丸オムレツ

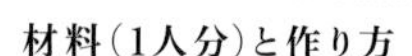

材料（1人分）と作り方

1. ボウルに卵1個を割り入れ、顆粒コンソメ小さじ¼、シーズニングソルト少々を加えて混ぜ合わせる。
2. 小さめのフライパンにサラダ油（適量）を中火で熱し、1の卵液を流し入れる。フライパンを傾けながら卵を端に寄せ、半熟の状態でラップへ取り出す。
3. ラップで丸く包んでねじり、電子レンジ（600W）で30秒加熱する。粗熱がとれるまで輪ゴムできつくしばる。好みでハムやチーズを入れても。

※爆発しないよう、レンジ庫内から目を離さないようにしてください。

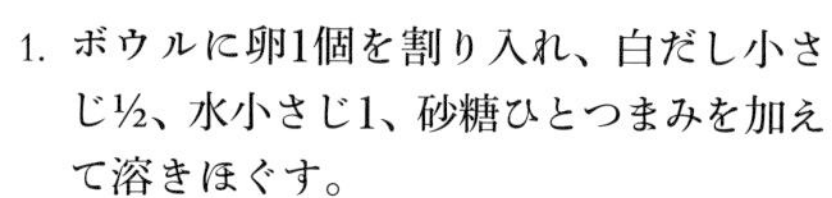

何度もつくりたい基本のだし巻き

だし巻き卵

材料（1人分）と作り方

1. ボウルに卵1個を割り入れ、白だし小さじ½、水小さじ1、砂糖ひとつまみを加えて溶きほぐす。
2. 卵焼き器にサラダ油適量を中火で熱し、卵焼き器を横に傾けて¼量の卵液を流し入れ、縦½のスペースに薄く広げる。
3. 卵がかたまってきたら手前に巻き、巻いた卵を奥に寄せる。卵液がなくなるまで同様に繰り返す。

小えびでかわいいピンク色に

小えびのまん丸卵焼き

材料（1人分）と作り方

1. ボウルに卵1個を割り入れ、白だし小さじ½、小えび（乾燥）・水各小さじ1、砂糖ひとつまみを加えて溶きほぐす。
2. 卵焼き器にサラダ油適量を中火で熱し、「だし巻き卵」と同じように焼き、焼き上がったら巻きすで形を整え、粗熱がとれるまで輪ゴムで固定しておく。

薄焼きを取り出して巻くだけ

くるくる卵焼き

材料（1人分）と作り方

1. ボウルに卵1個を割り入れ、白だし小さじ½、砂糖ひとつまみを加えてよく混ぜ合わせる。
2. 卵焼き器にサラダ油適量を中火で熱し、卵液を半量流し入れて広げ、片面に火が通ったら取り出す。残りも同様につくる。
3. 2をそれぞれ縦半分に切って重ね、端からくるくると巻き、巻き終わりに揚げパスタ（カッペリーニ推奨）を刺して留める。

※パスタは、お弁当を食べる頃にはやわらかくなっていますが、気になる方は串などに刺してもOK！　焼き鳥みたいにしてもかわいい♪

※お弁当に入れる卵のおかずは、きちんと火を通してください。

Chapter 2.

朝ラク・冷めてもおいしい
寝る前につくる
お弁当

ＳＮＳで特に反響のあったお弁当を４つ紹介します。
「喜んでもらえた」「またつくってと言われる」などの声が
届いています。つくってから食べるまでのタイムスケジュール、
おいしく食べるコツなども紹介しているので、
ぜひ参考にしてみてください。

寝る前につくるのは出社の早い夫のため

寝る前にお弁当をつくるようになったのは、毎朝始発（5時台）で出発する夫のためでした。寝る前にすべて準備しておくことで、朝起きられなかった！という失敗もなく、楽しく続けられています。

この章では、SNSで普段から多く寄せられる「つくってから食べるまでのタイムスケジュール」「冷めてもおいしいコツ」「SNSでバズったレシピ」などを詳しく紹介します。

〝夏場のお弁当には少し注意が必要〟なこともあるので、よく読んでからつくってください。

寝る前につくるお弁当
タイムスケジュール

つくってから夫が食べるまでのスケジュール・お弁当の保管方法を紹介します。

22:30~23:00

おかずをつくる

ここで一手間！
お弁当箱に詰める前に
粗熱をしっかりととるのがポイント

23:00~23:15

おかずを詰めて、
お弁当箱を冷蔵庫に入れる
（詰める作業は5～10分程度）

ここで一手間！
木製のお弁当箱の場合、
保存袋でお弁当箱をおおって
おくとごはんが
かたくなるのを防いでくれます

4:50

夫が冷蔵庫からお弁当を取り出して
保冷剤とともにキッチンクロスで包んで出社

5:40

出社後すぐにお弁当箱は会社の冷蔵庫へ

12:00

冷蔵庫から取り出し、温めずにそのまま食べる
※電子レンジがある場合は、温めてください

寝る前につくるお弁当を

〝安全に食べる〟ために

教えてくれたのは
管理栄養士
新谷友里江さん

つくってから食べるまでに時間のかかるお弁当は、食中毒予防も大切。
おいしく食べるためにしっかりと読んでからつくってください。

一 手をきちんと洗うこと

調理前、生肉・魚・卵などをさわった後は必ず手を洗いましょう。手や指に傷がある場合は調理用手袋をつけて作業を行うと安心です。

二 新鮮な食材を使うこと

しなしなのレタス、しばらく野菜室にあるミニトマト（とくにへたに雑菌が多い）など鮮度の落ちた食材は傷みやすく、雑菌が繁殖する原因になるので、鮮度の良い食材を使うようにしましょう。

三 しっかりと加熱すること

肉・魚・卵などは、しっかりと火を通しましょう。卵料理は半熟ではなく、完全にかたまるまで中心部まで加熱しましょう。

四 水分をしっかりきること

水分が多いと菌が繁殖しやすくなります。生野菜はよく洗い、水気をきってから詰めましょう。

五 しっかりと粗熱をとること

おかずは小さめのバットなどに出しておいて粗熱をとってから詰めます。温かいまま詰めると、蒸気がこもり水分が出て傷む原因になるので、とくにプラスチックやアルミなどの水分が逃げない素材のお弁当箱を使っている方は注意が必要です。

六 食べ残し、口をつけた菜箸に注意すること

口をつけた食品、菜箸には、雑菌が多く繁殖するので注意。食べ残したものはお弁当には入れず、詰めるときの菜箸は清潔なものを使用するようにしましょう。

七 保冷剤を必ず使用する

冷蔵庫から取り出した後の温度差がお弁当を傷める原因となるので、持ち歩きの際は必ず保冷剤を添えてください。温かいところに置いておくと細菌が増えてしまうので冷蔵庫やなるべく涼しいところで保管し、早めに食べきるようにしましょう。

八 できれば温め直す

安心して食べるために、電子レンジがある場合は温め直してから食べることをおすすめします。特に気温が28℃以上になる真夏は傷むのを防ぐため温め直すことをおすすめします。曲げわっぱを使用している場合は、おかずを耐熱皿に取り出し、ラップをふんわりとかけて電子レンジ加熱してください。

寝る前につくるお弁当 おいしいコツ 12箇条

冷めてもおいしいを保つ秘訣、美しいお弁当づくりに欠かせないコツ、時短のコツなどを紹介します。

その1. お米は『しっかり浸水』させて炊く

「前日に詰めてごはんはパサパサになりませんか?」
という質問を多くいただきます。
ごはんがかたくなる原因は"乾燥"なので、
お米をしっかりと浸水させて、しっとりと炊くことが大切。
お米が乳白色になるまで30分〜1時間
しっかりと浸水させましょう(P.88参照)。
※炊飯器(自動炊飯)で炊く場合、30分程度の浸水時間が含まれています。
また、時間がある場合は冷蔵庫で冷やしながら浸水させると、
炊くときにうまみが増すそうです。
また、旅館のおひつから食べるごはんがおいしいのは
水分調整が上手にできるからで、無塗装の曲げわっぱでも
同じ理由でおいしく食べられます。

その2. 味は少し濃いめに!

冷めてしまったお弁当のおかずは、できたてを食べるときよりも
物足りなさを感じることがあると思います。
なので私のお弁当は**少し濃いめの味つけ**
にしています。この一工夫で時間が経っても味がボケず、
"おいしい"といってもらえます。
下味をしっかりつけることも大切で、
お弁当が傷みにくくなるというメリットも。

その3. 塩もみ・レンチンして汁気を絞る

野菜類は水分が出るとせっかく味つけをしてもボケてしまい、
最悪は腐食の原因に。**塩もみやレンジ加熱**などをしてから
しっかりと**水気を絞り、その状態で味つけ**をしましょう。
味がしっかりと入り、時間が経ってもおいしいが保てます！

その4. 肉類は保湿・コーティングして乾燥を防ぐ

かたくなりがちな肉類は、**人間の肌と同じように**
保湿・コーティングしてあげることでかたくなることを防げます。
「酒などの水分で保湿をする」「マヨネーズやごま油で油分を足す」
「片栗粉・薄力粉、卵でコーティングし水分を閉じ込める」
これらの一手間を惜しまずするかどうかが
翌日のおいしさを左右します！

その5. 削り節やすりごまなどで水分を絡める

だししょうゆや麺つゆなどの液体調味料を使う際は、
削り節やすりごまなどと和えると**水分を吸収**してくれます。
うまみも強いので味に満足感も出ておすすめです。
汁気の多いおかずは、ペーパータオルで汁気をおさえてから詰めましょう。

その6. 炒め調理はさっと強火で!

食感と色味はお弁当の印象を左右する重要なポイント!
炒め野菜は少し早いかな?と思うくらいで仕上げる
のがベストです。火を入れすぎると食感や彩りが悪くなってしまいます。
強めの火でさっと調理が基本です!

その7. たれは照りが命 あんかけは水戻りしないよう しっかり煮詰めて

甘辛だれなどの照りが出る**たれは、しっかりと煮詰めて**
濃度濃く仕上げると時間が経ってもおいしさを保てます。
また片栗粉で**とろみをつけたあんは**時間が経つと
水っぽく戻ってしまう場合があるので**しっかりと加熱する**ことが
大切です。とろみがついてあんがツヤッとしてきてから、
さらに+20秒くらい長めに火にかけてくださいね。

その8. シーズニングソルトやカレー粉、スパイスを使っておいしい&時短

あると重宝するのがシーズニングソルトやフレイバー調味料。
旨み要素が複数含まれている便利調味料は、あと**1品欲しい!というときに**
ソテーした野菜にふりかけるだけで立派なお助けおかずに。
余っているスパイスやカレー粉を唐揚げの衣に混ぜたり、野菜とチーズと
スパイスで複雑かつおしゃれな味つけにしたり、**思いつくままに**
掛け算してチャレンジしてみてください。汎用性は無限大です!

その

これってあり？な組み合わせにもチャレンジ

P.99で紹介している「火を使わない春巻きの具のバリエーション」は、
火を使わないから時短につながるだけでなく、食べたときに
味にパンチのある組み合わせを意識しています。
夕食でつくるには勇気のいる組み合わせも、
少量でOKなお弁当なら気軽に試せるのでおすすめです。

その10.

おかずを色で考える

お弁当をつくる上で、**盛りつけたときの彩りも大切にしています。**
献立を考える際は、まず全体の色のバランス→味つけ→調理法→切り方
の順で決めていきます。

美しいお弁当づくりのコツ

時短のコツ

その11.

夕食をつくる際お弁当の準備もしておく

+

夕食をつくる際、お弁当用に**鶏肉を半分残して漬け込んでおく、魚は解凍しておく、副菜で使う野菜は切っておく**などの、
ちょっとした準備をしています。この一手間が時短につながります。

その12.

メインおかずは下味冷凍

メインおかずは**焼くだけ、揚げるだけの状態で下味冷凍**
をしておけば、毎日のお弁当づくりのハードルを一気に下げられます(P.100参照)。
逆に、調理済みの野菜は冷凍すると色が悪くなってしまうこともあるので、
副菜は**“新鮮な野菜を簡単に調理する”**というのが
副菜づくりのルールです(冷凍野菜は活用します)。

バズり弁当1

甘酢あんとふんわり卵の相性抜群！

黒酢あんの肉団子とふんわり卵弁当

累計600万回以上再生されたバズり弁当です。野菜は彩りを残しながら、熱でへたっとしてしまわないよう、火入れはさっと行うのがポイント。時間がないけれど、1品で満足感があり、かつおいしいお弁当をつくりたい！と思ってチャレンジしたお弁当です。「お弁当は1品でもいいんだと思えました！」「あっという間にできるし、すごくおいしいって喜んでもらえた！」などのうれしいコメントをいただきました。

SNSで反響のあった

バズり弁当

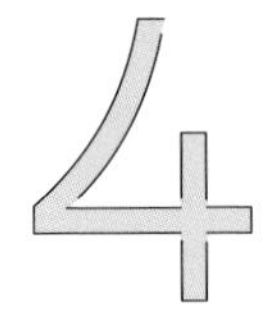

SNSでいいね！やコメントが多かった人気のレシピを4つ紹介します。

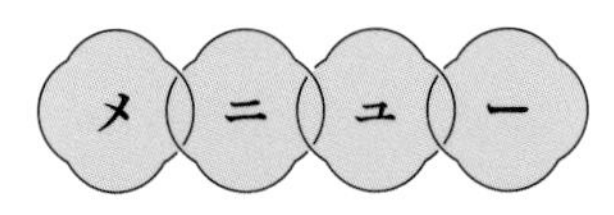

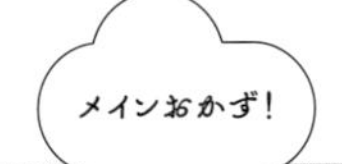

◎黒酢あんの肉団子とふんわり卵

甘酸っぱいあんが食欲をそそる

◎黒酢あんの肉団子とふんわり卵

材料(1人分)

- 合いびき肉…120g
- 溶き卵…2個分(うち、Aに大さじ1を使用)
- マヨネーズ…小さじ1
- 塩…少々
- パプリカ(赤・黄)…各¼個
- 玉ねぎ…⅛個
- スナップエンドウ…3本
- A
  - 長ねぎ(みじん切り)…10cm分
  - ごま油・しょうゆ…各小さじ1
  - 溶き卵…大さじ1
  - 片栗粉…小さじ2
- B
  - 黒酢…大さじ1と½(お好みで)
  - 酒・砂糖…各大さじ1
  - しょうゆ・オイスターソース…各小さじ1
  - 水…大さじ1と½
  - 片栗粉…小さじ½

作り方

1. ボウルに大さじ1を残した溶き卵、マヨネーズ、塩を入れて混ぜ合わせ、卵液をつくる。パプリカは細めの乱切りにし、玉ねぎは細めのくし形切り、スナップエンドウは斜め切りにする。別のボウルにひき肉、Aを合わせてねばりが出るまで練り、3cm大に丸める。
2. フライパンにサラダ油(適量)を中火で熱し、1の卵液を流し入れてほぐしながらしっかりと火を通して取り出す。
3. 同じフライパンにサラダ油(大さじ3)を中火で熱し、肉団子を転がしながら揚げ焼きにする。
4. 肉団子をすみによせて油をペーパータオルで拭き取り、同じフライパンを中火で熱し、玉ねぎを炒め、しんなりしたらパプリカ、スナップエンドウを加えてさっと火を通す。よく混ぜ合わせたBを加えてしっかり絡める。

※お弁当に入れる卵のおかずは、きちんと火を通してください。

詰め方

ごはんをお弁当全体に
敷き詰めます。

ふち側に多めに散らし
余白が寂しくならないように！

ふんわり卵を中央に盛り
土台をつくります。

卵をクッションにして
高さが出るように盛ります。

◎黒酢あんの肉団子とふんわり卵

好みで糸唐辛子をのせても

バズり弁当2

スパイスから揚げ弁当

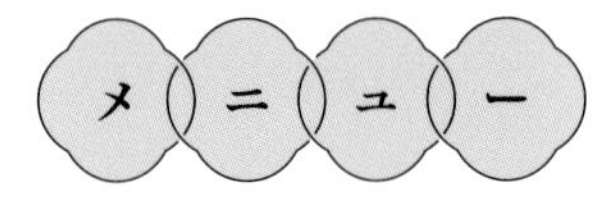

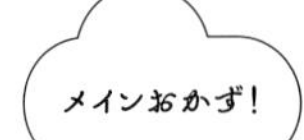

◎スパイスから揚げ

◎マッシュルームのえび団子

◎マッシュルームの軸入りオムレツ

◎スナップエンドウとカリフラワーのペッパーコンソメマヨ

◎赤大根の塩もみ (P.118)

〝お弁当のおかず〟として食べるから揚げは、もう少しパンチが欲しいな〜と感じていました。試しに自宅にあったスパイスを入れてみたらおいしくて瞬く間に我が家の定番に！　クミンとコリアンダーなどもおすすめです。喜ばれメニューに変身するはずです。

マッシュルームのえび団子で余ったマッシュルームの軸をオムレツに入れたのもポイント。1つのお弁当の中で食材を使い回し、無駄にしないことも意識しています。

spicy+
volumy

冷めてもやわらかくてジューシー!

◎スパイスから揚げ

材料(作りやすい分量)

- 鶏もも肉…1枚(250g)
- A
  - 酒・しょうゆ…各小さじ2
  - おろししょうが・おろしにんにく…各小さじ1
  - シーズニングソルト…小さじ1
  - カレー粉…適量
  - 粗びき黒こしょう…適量
- 溶き卵…½個分
- 小麦粉…大さじ1
- 片栗粉…大さじ4

作り方

1. 鶏肉は食べやすい大きさに切る。ポリ袋に鶏肉、Aを加えてもみ込み、20分ほど漬けておく。卵液、小麦粉を入れてもみ込み、片栗粉を全体にまぶす。
2. フライパンに揚げ油(適量)を170~180℃に熱し、5分揚げる。

ころんとした見た目がかわいい

◎マッシュルームのえび団子

材料(作りやすい分量)

- 冷凍むきえび…35g
- マッシュルーム…3個
- A
  - 片栗粉・シーズニングソルト…各少々
  - パセリ(みじん切り)…適量
- 片栗粉…適量
- 白ワイン(または酒)…小さじ2

作り方

1. えびは解凍して水気を絞り、細かく刻む。ボウルにえび、Aを入れて混ぜ合わせ、3等分する。
2. マッシュルームは軸を除き(軸はオムレツ用にとっておく)、内側に片栗粉をはたき、1を詰める。
3. フライパンにサラダ油(適量)を中火で熱し、たねを詰めた面を下にして2を焼く。焼き目がついたらひっくり返し、白ワインを加えてふたをし、1分ほど蒸し焼きにする。好みでパセリをのせる。

えび団子で余った軸をここで活用

◎マッシュルームの軸入りオムレツ

材料(作りやすい分量)

- 卵…1個
- マッシュルームの軸…3個分
- A
  - シーズニングソルト・顆粒コンソメ・乾燥パセリ…各少々

作り方

1. マッシュルームの軸はみじん切りにする。
2. ボウルに卵を割りほぐし、A、1を混ぜ合わせる。
3. フライパンにサラダ油(適量)を中火で熱し、卵液を流し入れる。フライパンを傾けながらラグビーボールの形のように整えながら焼く。

コンソメとマヨで後ひく味

◎スナップエンドウとカリフラワーのペッパーコンソメマヨ

材料(作りやすい分量)

- スナップエンドウ…2本
- カリフラワー…小3〜4房
- マヨネーズ…大さじ½
- 顆粒コンソメ…ひとつまみ
- 塩・粗びき黒こしょう…各少々

作り方

1. スナップエンドウは斜めに2〜3等分に切る。カリフラワーはお弁当用に食べやすい大きさに切る。
2. フライパンにオリーブ油(適量)を中火で熱し、カリフラワーを焼く。
3. 焼き目がついたらマヨネーズ、スナップエンドウ、コンソメを加えて炒め、塩、黒こしょうで味を調える。

ごはんは下半分に
斜めになるように盛ります。

レタスや笹の葉、
青じそでもOKです。

重ねて高さを出すように
意識しましょう。

スプラウトをから揚げの隙間に詰め、
レタスなどで副菜用の仕切りを準備。

下から積み上げるように
副菜を盛るのがポイント。

オムレツはカットせず、
おかずに立てかけるとインパクト大。

コロコロおかずをのせる

コロコロとしたおかずは、
高さを出すためにごはんにのせると◎。

副菜で隙間を埋める

赤大根の塩もみ、
スプラウトで隙間を埋めます。

Finish

◎スパイスから揚げ
◎マッシュルームのえび団子
◎マッシュルームの軸入りオムレツ
◎スナップエンドウと
カリフラワーのペッパーコンソメマヨ
◎赤大根の塩もみ

バズり弁当3

テンションの上がる満足弁当

オムライス弁当

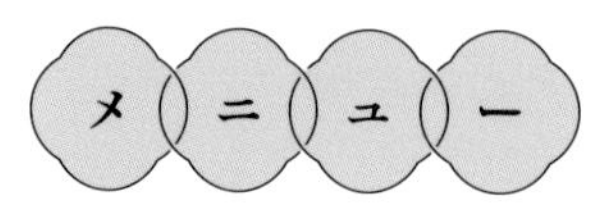

◎オムライス

◎バジルチキン

◎パスタサラダ

◎さつまいもの甘露煮

◎ゴーヤのナムル

いくつになってもオムライス弁当はテンションが上がります！ ただ、卵焼きが上手にできなかったり、チキンライスを包むときに破れてしまったりと、実は難易度が高いお弁当でもあるので、チキンを入れない、フライパンの上で包まないなど破けない工夫をして、食欲をそそるきれいな薄焼き卵をつくります。お弁当箱の形に合わせて型取りして、ラップを使って包むことで、どんな形のお弁当箱でも失敗なしです！

卵に牛乳を混ぜるからふっくら

◎オムライス

材料(1人分)

- 卵…1個
- ごはん…250g
- 牛乳…小さじ1
- 塩…ひとつまみ
- 玉ねぎ…⅛個
- トマトケチャップ…大さじ1
- 顆粒コンソメ…小さじ½
- 塩・粗びき黒こしょう…各少々

作り方

1. ボウルに卵を割り入れ、白身を切るようによく溶きほぐす。一度細かい網でこし、牛乳、塩を加えて混ぜる。玉ねぎは粗みじん切りにする。
2. 24cmのフライパンをよく熱してからサラダ油(適量)を入れ、濡れぶきんの上にフライパンを下ろして5〜6秒冷ます。再度フライパンを弱火にかけ、卵液を流し入れる。ふたをして火を止め、1分ほど余熱で表面まで火を通す。表面が下にくるようにラップの上にひっくり返してのせ、粗熱をとる。
3. フライパンにサラダ油(適量)を中火で熱し、玉ねぎを炒める。色が透き通ったらケチャップを加えて炒め、酸味を飛ばす。コンソメ、ごはんを加えてさらに炒め、ケチャップが足りなければ追加する。塩、黒こしょうで味を調える。
4. 2をお弁当箱に入れてから3をのせ、裏返して形を整える(P.80参照)。

にんにくのパンチもプラス!

◎バジルチキン

材料(作りやすい分量)

- 鶏もも肉…1枚(250g)
- A
  - マヨネーズ…小さじ1
  - おろしにんにく・バジル(乾燥)…各小さじ1弱
  - シーズニングソルト…小さじ1弱
  - パセリ(みじん切り)…1本分
  - 粗びき黒こしょう…少々

作り方

1. 鶏肉は食べやすい大きさに切る。ポリ袋に鶏肉、Aを入れてもみ込み10分ほどおく。
2. フライパンにサラダ油(適量)を中火で熱し、鶏肉を皮目から4分ほど焼く。焼き目がついたらひっくり返し、火が通るまで3分ほど焼く。

野菜はミックスベジタブルで手間なし!
◎パスタサラダ

材料(作りやすい分量)
- ショートパスタ(またはマカロニ等)…30g
- 冷凍ミックスベジタブル…大さじ3
- トマトケチャップ…大さじ1
- 顆粒コンソメ…ひとつまみ

作り方
1. 鍋に塩(適量)を入れて湯を沸かし、沸騰したらパスタを入れて袋の表示時間通りにゆでる。
2. ゆで上がる30秒ほど前に冷凍ミックスベジタブルを加え、ザルにあげて水気をしっかりときる。
3. 2にケチャップ、コンソメを加えて混ぜ合わせる。

しっかりと塩もみして食感よく
◎ゴーヤのナムル

材料(作りやすい分量)
- ゴーヤ…50g
- 塩・おろしにんにく…各少々
- 鶏ガラスープの素…小さじ¼
- ごま油…小さじ½

作り方
1. ゴーヤは縦半分に切ってワタを取り、2mm厚さの薄切りにしてボウルに入れる。塩を加えてもみ込み、水気が出たら絞る。
2. にんにく、鶏ガラスープの素、ごま油を加えて混ぜ合わせる。

電子レンジ調理でほっくり
◎さつまいもの甘露煮

材料(作りやすい分量)
- さつまいも…50g
- A
  - 水…50mℓ
  - みりん・砂糖…各大さじ1
  - しょうゆ…小さじ½

作り方
1. さつまいもは皮つきのまま1cm幅の輪切りにする。
2. 耐熱容器に1、Aを入れてラップをし、電子レンジ(600W)で4〜5分加熱する。

準備 1

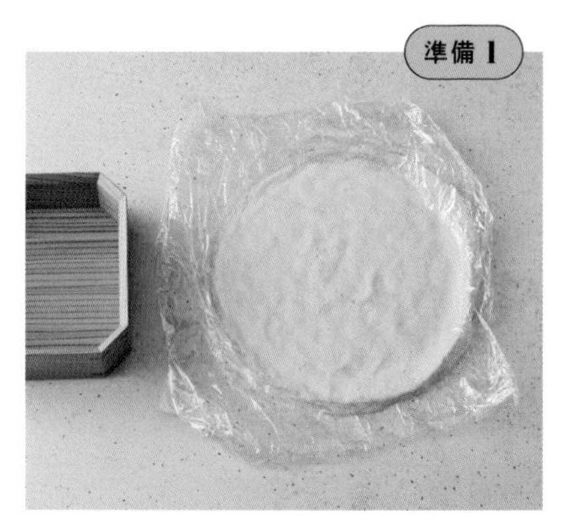

ラップに卵を広げます。

準備 2

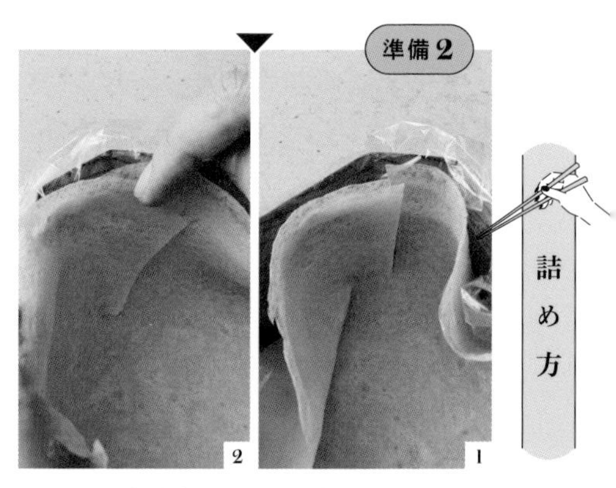

お弁当箱のサイズに合わせて
切り込みを入れます。

準備 3

½ スペースに
ケチャップライスを盛ります。

準備 4

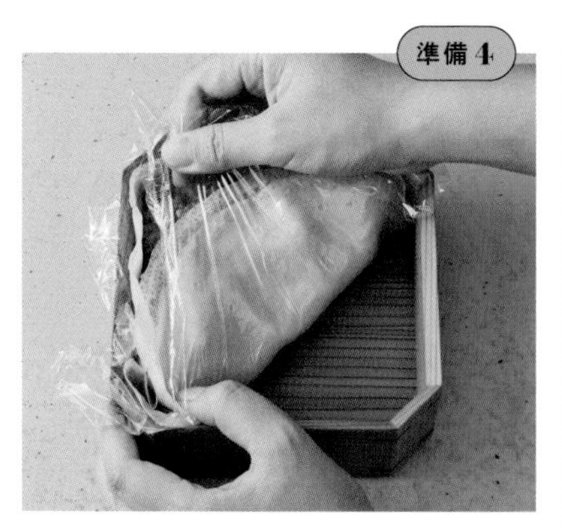

ラップで持ち上げて
包みます。

準備 5

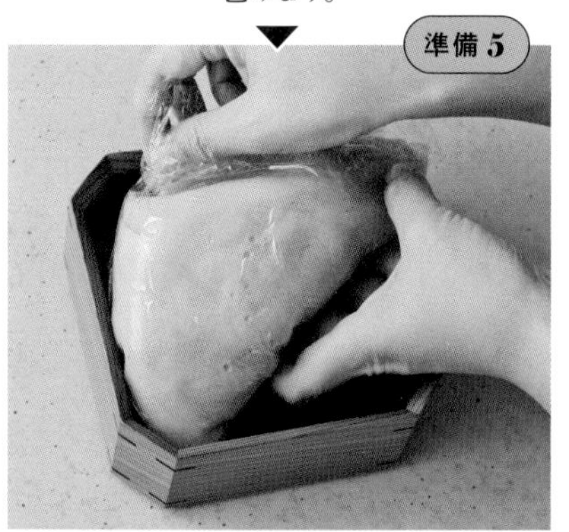

ラップごと持ち上げて
ひっくり返します。

準備 6

ラップを引き抜きます。

1 葉で仕切る

レタスや笹の葉など
好みのものでOKです。

2 大↓小の順に詰める

大きいバジルチキンを詰め、隙間を
埋めるようにパスタサラダを盛ります。

3 さつまいもを立てかける

カップを使わなくても
パスタサラダがクッションがわりに。

4 隙間を埋める

ゴーヤのナムルを盛り、できた隙間は
スプラウトで埋めます。

Finish

◎オムライス
◎バジルチキン
◎パスタサラダ
◎さつまいもの甘露煮
◎ゴーヤのナムル

ケチャップをかけてパセリを散らして

バズり弁当4

夫が選ぶナンバー1 ハンバーグ弁当

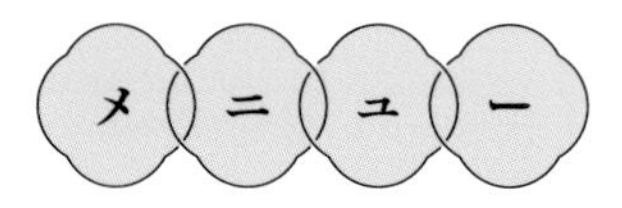

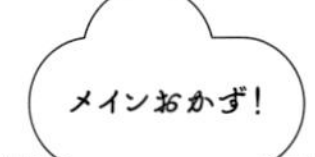

◎ハンバーグ

◎3種の野菜のグリル

◎色々野菜のピクルス(P.122)

◎ゆで卵

我が家の定番の肉汁があふれ出すジューシーハンバーグ。できたては肉汁たっぷりですが、お弁当で食べる頃には肉汁が落ちついてしっとりやわらか。

お弁当に入れるとかたくなりがちなハンバーグはお麩を入れることでやわらかくジューシーに。

「息子からお母さんのハンバーグおいしい！って言ってもらえて私の手柄になりました笑」「明日もつくってと言われた」などファンが多いレシピです！

GOOD!

材料を倍にして4個つくっても◎

◎ハンバーグ

材料（2個分）

- 合いびき肉
  （使うまで冷蔵庫で冷やしておく）…160g
- 玉ねぎ…½個（100g）
- 溶き卵…½個分
- 麩…5g

A
- パン粉…5g
- 牛乳…大さじ3

B
- ナツメグ…好みで5ふり程度
- 粗びき黒こしょう…適量

C
- トマトケチャップ・中濃ソース
  …各大さじ1
- 砂糖…ひとつまみ

作り方

1. 玉ねぎはみじん切りにする。フライパンにサラダ油（適量）を中火で熱し、玉ねぎを炒めて塩ひとつまみ（分量外）を加える。飴色になったらバットなどに移して粗熱をとり、冷蔵庫で冷やす。麩はフードプロセッサーまたはポリ袋に入れてくだいて粉末状にし、Aと合わせておく。
2. ボウルに、冷蔵庫から出したてのひき肉、塩ひとつまみ（分量外）を加え、ねばりが出るまでよくこねる。1、溶き卵、Bを加え、ねばりが出るまでさらにこねる。等分に分け、肉だねを手のひらに打ちつけながら空気を抜き、成形する（冷凍する場合は成形したたねをバットに移しラップをかけて冷凍庫へ）。
3. フライパンにサラダ油（適量）を中火で熱し、2を焼く。表面に焼き色がついたら水大さじ3（分量外）を加えてふたをし、弱火にして5分ほど蒸し焼きにし、取り出す。フライパンの余分な油をペーパータオルで拭き取り、混ぜ合わせたCを入れて煮つめてハンバーグにかける。

冷めてもおいしいコツ

ねばりが出るまで しっかりこねる

ひき肉に塩を入れてよくこねると、
タンパク質がくっつきあって
肉汁を閉じ込めることができるそうです。

麩を入れて 肉汁を閉じ込める

保水効果がある麩を入れることで
水分を中に閉じ込め肉汁が
あふれ出すハンバーグに!

ロマネスコ入りがスーパーにもあります!

◎3種の野菜のグリル

材料(1人分)

- 冷凍野菜ミックス(ブロッコリー、カリフラワー、ロマネスコなど) …30g程度
- シーズニングソルト…少々

作り方

1. 冷凍野菜は袋の表示通りに解凍し、水気が出たらペーパータオルで拭き取る。
2. フライパンにオリーブ油(適量)を中火で熱し、1を入れて焼く。
3. 焼き色がついてきたらシーズニングソルトをふる。

◎色々野菜のピクルス

レシピはP.122で紹介

1 ごはんを盛る

中央をあけ、
ドーナツ状に丸く盛る。

2 レタスを敷く

ハンバーグを盛るための
クッションの役割になります。

3 ハンバーグを盛る

くぼみにしっかりとハマるよう
押し込みながら盛ります。

4 焼き野菜を盛る

副菜はハンバーグに
寄りかからせるようにすると◎。

5 ピクルスを盛る

スプラウトで仕切ってピクルスの
味移りを防ぎます。

6 ゆで卵を盛る

黄身が見えるように輪切りにし、
彩りをプラス。

Finish

◎ハンバーグ
◎3種の野菜のグリル
◎色々野菜のピクルス
◎ゆで卵

好みで
イタリアンパセリを
飾っても

時間が経ってもおいしい
ごはんの炊き方

冷蔵庫で冷やした後も"かたくならない""冷めてもふんわりおいしい"
そんなごはんの炊き方を紹介します。
私は土鍋を使用していますが、炊飯器でもおいしく炊けます。

冷めたごはんがおいしくない理由

冷めたごはんがおいしくないと感じる原因は「水分」です。お米のデンプンは、水分が多いとやわらかくなり、抜けるとかたくなります。冷めて時間が経つにつれ、お米の中の水分が抜けてしまうので、食べる頃にはごはんがかたくなってしまうのです。

なので、ごはんは炊く前にしっかりと水分を閉じ込めておくことが大切。お米の中の水分や旨みをしっかりと閉じ込めておけば、冷めたときに味が落ちにくくなり、冷蔵庫から出して冷たい状態のごはんでもおいしくいただけます。

炊く前の準備

お米を浸水させる

お米は洗い、30分～1時間しっかりと浸水させます。冷蔵庫へ入れて冷やすとよりうまみが増します。

吸水前のお米は半透明ですが、吸水後はお米が乳白色に!
※炊飯器(自動炊飯)で炊く場合、30分程度の浸水時間が含まれていますが、新米なら1時間は浸水させたいです。

炊き方

使ってるのはコレ!

ごはん炊きに特化してつくられた雲井窯の土鍋。火加減はこの土鍋で炊く際の目安です。もちろん炊飯器でも問題ありません。

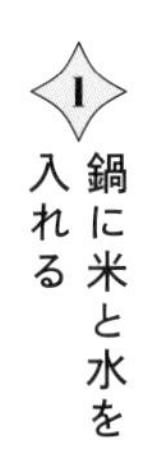

1 鍋に米と水を入れる

米1合、水215㎖(2合なら水430㎖)を鍋に入れる。炊飯器の場合はメモリに合わせて水分を調整します。

2 強火で10分加熱する

沸騰するまで強火で10分加熱します。わかりにくい場合は素早くふたを開けて確認してもOK!

3 沸騰したら弱火にして10分

ふたから蒸気が上がってきたら沸騰の合図。弱火にして10分加熱します。

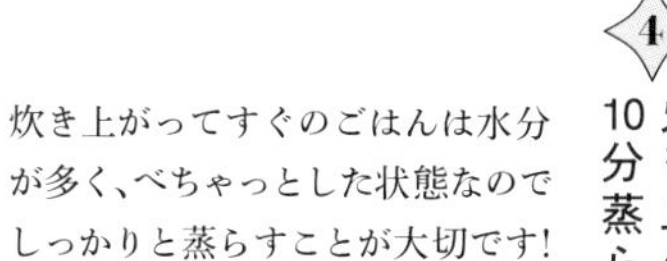

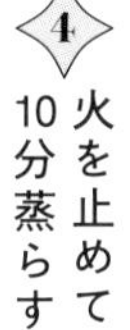

4 火を止めて10分蒸らす

炊き上がってすぐのごはんは水分が多く、べちゃっとした状態なのでしっかりと蒸らすことが大切です!

5 水分を飛ばすように混ぜる

しゃもじで底からさっくりと混ぜます。余分な蒸気を逃すことでふっくらとした仕上がりに。

冷めてもおいしく食べる秘訣

混ぜごはんにする

調味料を加えて混ぜることでお米がコーティングされ、冷めても水分や旨みが損なわれにくくなります。

木製のお弁当箱に入れる

木製のお弁当箱(特に無塗装のもの)は、お米の水分量を適した状態にキープしてくれるので、ごはんが冷めてもおいしくいただけます。

お弁当づくりは気楽に楽しむのが一番

「栄養バランスや彩りをしっかりと考えなきゃ！」
「冷凍食品ばかりにならないようにしなきゃ」……そんなことを考えて、
お弁当づくりが苦になっていませんか？ 気負わず気楽に！
そんなお弁当づくりのマインドを紹介します。

お弁当の献立は楽に考えていい

副菜は日持ちする食材で、自分だけのパターンを2〜3個考え、固定してしまえばとっても楽なんです。例えば……

- パターン1　卵料理1品（だし巻き卵）×紫キャベツの料理1品（スイチリ和え）×パプリカの料理1品（粒マスタードマリネ）
- パターン2　卵料理1品（オムレツ）×紫キャベツの料理1品（ナムル）×パプリカの料理1品（だしマヨ）
- パターン3　卵料理1品（ゆで卵）×紫キャベツの料理1品（豆苗桜えび）×パプリカの料理1品（彩り野菜の揚げびたし）　など

同じ食材で違うメニューを3パターン考えておけばこの掛け合わせだけで十分。
味つけを同じにして食材を変更するのも◎。

迷わずに調理できるお助けメニューを考えておく

迷わないお助けメニュー＝頭を使わずに、労力をかけずにつくれるメニューのこと。味つけでよく悩むので、「冷凍野菜×手軽に味が決まる調味料」を準備しておくと楽なんです。「冷凍エビ×シーズニングソルト」「冷凍ブロッコリー×ガーリックソルト×チーズ」など、合わせるだけでもう立派な1品ができあがります！　『茅乃舎』のバジルとガーリックのソルトや『iHerb』で購入しているケイジャンシーズニングなどを愛用しています。

お弁当をお休みする選択肢もあり！

お弁当をつくるのは、健康のため、愛情表現のため、節約のため、色々あるけれどつくる側が疲弊しては元も子もないと思うんです。簡単な日、頑張る日、ときにはお休みする日などの選択肢があっても良いと思います。つくってもらったお弁当を食べている人がこの本を見る機会があるならば、「ぜひつくってくれている人に感謝の気持ちをしっかり伝えてね！」って言いたいです（笑）。

Chapter 3.

繰り返しつくりたくなる メインおかず と、色別サブおかず

鶏肉、豚肉、ひき肉、魚介類など、今ある食材でつくれるおかずを紹介。
お弁当にうれしい肉巻き、春巻きレシピ、下味おかずも満載です。
副菜はとにかく簡単＆火を使わないレシピも
たくさん紹介しているので、あと1品！に役立ってくれるはずです。

メインのおかず

鶏肉 Chicken

家でも簡単につくれる！

◎ヤンニョムチキン

材料（作りやすい分量）

- 鶏もも肉…1枚（250g）
- A
  - 酒…大さじ1
  - 塩・粗びき黒こしょう…各少々
- 片栗粉…大さじ1
- B
  - コチュジャン・しょうゆ・みりん・トマトケチャップ…各小さじ1
  - 砂糖・すりおろしにんにく…各小さじ¼

作り方

1. 鶏肉は食べやすい大きさに切る。ボウルに鶏肉、Aを入れてもみ込み、片栗粉をふる。
2. フライパンにサラダ油（大さじ3）を中火で熱し、鶏肉を皮目から入れて揚げ焼きにする。
3. 両面がカリッとしたら油をペーパータオルで拭き取り、混ぜ合わせたBを加えてとろみがつくまで炒め、好みで白ごまをふる。

ホクホクで後引くおいしさ

◎鶏肉とさつまいもの甘辛炒め

材料（1人分）
- 鶏もも肉…80g
- さつまいも…50〜60g
- 酒…小さじ1
- 塩…少々
- 片栗粉…小さじ2
- A
  - しょうゆ・みりん…各小さじ1
  - 砂糖…小さじ½

作り方

1. 鶏肉は食べやすい大きさに切る。ボウルに鶏肉、酒、塩を加えてもみ込み、片栗粉をまぶす。さつまいもは皮ごと小さめの乱切りにし、ラップをして電子レンジ（600W）で2分加熱する。
2. フライパンにサラダ油（適量）を中火で熱し、鶏肉を皮目から2分焼く。
3. 焼き色がついたらひっくり返して油を拭き取り、さつまいもを加え、軽く炒めたらAを加えて、とろみがつくまで炒める。

ヘルシーでお腹も満足！

◎鶏むね肉のロール巻き

材料（作りやすい分量）
- 鶏むね肉…1枚（250g）
- にんじん…45g
- さやいんげん…2本
- 砂糖・塩…各小さじ1

作り方

1. にんじんは細長く切る。鶏肉は皮を取って観音開きにし、厚さが均等になるようにめん棒などで叩く。鶏肉の両面に砂糖、塩を順にすり込む。
2. まな板に鶏肉を広げ、にんじん、いんげんをのせてきつく巻く。空気が入らないようにきつくラップで包み、両サイドを片結びする。もう一度ラップで巻き、さらにアルミホイルで巻く。
3. 大きめの鍋に湯を沸かし、沸騰したら2を入れて弱火にしてふたをし、30分ほどゆでる。火を止めてふたをし、20分ほどおいて取り出す。氷水で急冷して、冷蔵庫で冷やし、1cm幅に切る。

◎しょうが焼き

とろみソースで味しっかり

材料(1人分)

- 豚ロース薄切り肉(しゃぶしゃぶ用)…100g
- 玉ねぎ…¼個
- A
  - 酒…大さじ1
  - しょうゆ…大さじ½
- 塩・こしょう…各少々
- 小麦粉…小さじ½
- B
  - しょうゆ・みりん…各大さじ½
  - おろししょうが…小さじ1弱
  - 砂糖…小さじ½

作り方

1. 玉ねぎは半量をすりおろし、残りは薄切りにする。Aは混ぜ合わせておく。
2. ボウルに豚肉を入れて塩、こしょうをふり、すりおろした玉ねぎ、Aを加えてもみ込む。10分ほど下味をつけ、小麦粉をまぶす。
3. フライパンにサラダ油(適量)を中火で熱し、玉ねぎの薄切りを軽く炒める。2を入れ、片面に焼き目がついたら返してもう片面はさっと火を通す。Bを加え、絡めながらとろみがつくまで焼く。

これひとつで栄養も彩りも

◎チンジャオロース

材料(1人分)

- 豚ロース薄切り肉…2〜3枚
- ピーマン…1個
- パプリカ…¼個

A
- 酒…小さじ1
- しょうゆ…小さじ½

- 片栗粉…適量

B
- オイスターソース…小さじ1
- しょうゆ・おろしにんにく…各小さじ½
- 鶏ガラスープの素・砂糖…各少々

作り方

1. 豚肉は細切りにしてボウルに入れる。Aを加えて15分ほどおき、全体に片栗粉をまぶす。
2. ピーマン、パプリカは種とへたを取り細切りにする。
3. フライパンにサラダ油(適量)を中火で熱し、豚肉を炒める。肉に火が通ったらピーマン、パプリカを加え、混ぜ合わせたBを加えて炒める。

ごはんが止まらない!

◎豚こまのケチャップソース和え

材料(1人分)

- 豚こま切れ肉…60g
- 塩・粗びき黒こしょう…各少々
- 小麦粉…小さじ1
- トマトケチャップ…大さじ1
- とんかつソース…小さじ1

作り方

1. 豚肉は塩、黒こしょうをふり、一口大に丸めて軽くにぎり、小麦粉をまぶす。
2. フライパンにサラダ油(適量)を中火で熱し、豚肉を焼く。火が通ったらケチャップ、とんかつソースを加えて絡める。

マヨネーズが隠し味

◎串刺しつくね

材料(串2本分)

- 鶏ひき肉…60g
- 長ねぎ(みじん切り)…5㎝分
- A
  - おろししょうが…少々
  - マヨネーズ…小さじ1弱
  - 片栗粉…小さじ1
  - 塩・粗びき黒こしょう…各少々
- 酒…大さじ1
- B
  - しょうゆ・みりん・砂糖…各小さじ1

作り方

1. ボウルにひき肉、長ねぎ、Aを入れて練り混ぜる。4等分に分け、丸く成形する。
2. フライパンにサラダ油(適量)を中火で熱し、1を焼く。片面1分30秒ずつ焼いたら酒を加えてふたをし、1分ほど蒸し焼きにする。
3. Bを加え、照りが出るまで絡める。でき上がったら串に刺す。

みんな大好きお弁当の定番

◎れんこんのはさみ焼き

材料(2個分)

- れんこんの薄切り(5㎜幅)…4枚
- 合いびき肉…60g
- 玉ねぎ…⅛個
- おろししょうが…少々
- 片栗粉…小さじ1
- 酒…大さじ1
- A
  - しょうゆ・みりん・砂糖…各小さじ1

作り方

1. れんこんは水にさらして水気を拭き取り、片栗粉(分量外)を薄くまぶす。玉ねぎはみじん切りにする。
2. ボウルにひき肉、玉ねぎ、おろししょうが、片栗粉を混ぜ合わせて肉だねをつくる。等分にして丸め、れんこんではさむ。
3. フライパンにサラダ油(適量)を中火で熱し、2を焼く。片面2分ずつ焼いたら酒を加えてふたをし、1分ほど蒸し焼きにする。Aを加えて、照りが出るまで絡める。

ふわシャキ食感

◎小松菜の鶏つくね

材料（2～3個分）

- 鶏ひき肉…50g
- 小松菜…1本（30g）
- A
  - 鶏ガラスープの素…ひとつまみ
  - おろししょうが・塩・粗びき黒こしょう…各少々
  - 片栗粉…小さじ½

作り方

1. 小松菜は1～2㎝長さに切って耐熱ボウルに入れ、ラップをして電子レンジ（600W）で30秒加熱して粗熱をとって絞る。
2. ボウルにひき肉、A、1を入れてよく練り混ぜ、3等分に分け、食べやすい大きさに形を整える。
3. フライパンにごま油（適量）を中火で熱し、2を片面約3分ずつ焼く。

混ぜて揚げ焼きするだけ

◎鶏ひき肉と豆腐のチキンナゲット

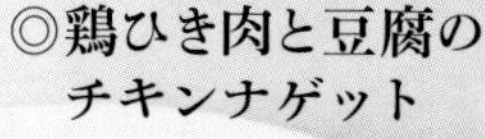

材料（作りやすい分量）

- 鶏ひき肉…100g
- 絹ごし豆腐…50g
- 片栗粉…大さじ1
- マヨネーズ…小さじ2
- 鶏ガラスープの素…小さじ1
- しょうゆ…小さじ½
- おろしにんにく・おろししょうが…各少々
- 塩・こしょう…各少々

作り方

1. 豆腐はペーパータオルで包み、耐熱容器にのせて電子レンジ（600W）で1分加熱して水切りをする。すべての材料をボウルに入れてよくもみ込む。
2. フライパンにサラダ油（大さじ3）を中火で熱し、肉だねをスプーンですくって入れ、上下を返しながら3分揚げ焼きにする。器に盛り、好みでケチャップを添える。

ほろ苦がクセになる！

◎ゴーヤの肉詰め

材料（作りやすい分量）

- 合いびき肉…60g
- ゴーヤ（7㎜の輪切り）…4枚
- 玉ねぎ…⅛個
- 片栗粉…小さじ1
- 塩…少々
- A
  - しょうゆ・砂糖・みりん…各小さじ1

作り方

1. 玉ねぎはみじん切りにする。ゴーヤは種とワタを取り片栗粉をまぶしておく。
2. ボウルにひき肉、塩を入れてよく練り混ぜる。玉ねぎを加えてさらによく混ぜ、4等分にする。ゴーヤの穴に肉だねを詰める。
3. フライパンにサラダ油（適量）を中火で熱し、2を片面1分ずつ焼く。肉に火が通ったらAを加えて照りが出るまで絡める。

見た目もかわいい　肉巻き

長さがお弁当のアクセントに

◎アスパラの肉巻き

材料（2本分）

- グリーンアスパラガス…2本（1本丸ごと使う場合は、細め推奨）
- 牛もも薄切り肉…60g
- 塩・粗びき黒こしょう…各適量
- 酒…小さじ2
- A ・しょうゆ・みりん・砂糖…各小さじ1

作り方

1. アスパラガスは、根元の⅓の皮をピーラーでむく。牛肉をまな板に広げ、アスパラの上下2㎝ずつを残して肉を巻き、塩、黒こしょうをふる。
2. フライパンにサラダ油（適量）を中火で熱し、1の巻き終わりを下にして焼く。
3. ころがしながら2分ほど焼き、酒を加えてふたをして1分ほど蒸し焼きにする。アスパラがやわらかくなったら、Aを加えて照りが出るまで絡める。

豚バラを巻いて食べ応えアップ

◎ちくわとオクラの肉巻き

材料（ちくわ1本分）

- 豚バラ薄切り肉（長め）…2枚
- ちくわ…1本
- オクラ…1～2本
- A ・しょうゆ・みりん・砂糖…各小さじ½

作り方

1. オクラは塩適量（分量外）をまぶしてこすり合わせて洗い、ガクを除く。ちくわの穴にオクラを詰める（足りない場合は、ガク側を合わせるようにもう1本入れる）。
2. まな板に豚肉を広げ、1をのせて巻く。
3. フライパンにサラダ油（適量）を中火で熱し、肉の巻き終わりを下にして焼く。焼き目がついたら、Aを加え、照りが出るまで焼く。

ソースをかけて食べて

◎ブロッコリーの肉巻きフライ

材料（1人分）

- ブロッコリー…3房
- 豚バラ薄切り肉…6枚
- 塩・粗びき黒こしょう…各少々
- A ・マヨネーズ…小さじ2
  ・小麦粉・水…各大さじ1
- パン粉…適量

作り方

1. まな板に豚肉を2枚広げ、ブロッコリーを1房のせて巻く。全体に塩、黒こしょうをふる。残りも同様につくる。
2. バットにAを混ぜてバッター液をつくり、1をつけてパン粉をまぶす。
3. フライパンにサラダ油を2㎝深さまで入れて170℃に熱し、2を揚げる。

定番にしたい 春巻き

揚げ焼きでもパリパリ！

◎春巻き

材料（春巻きの2本分）

- 春巻きの皮（大きめ）…2枚
- 豚ひき肉…50g
- しいたけ…1個
- もやし…50g
- 塩・粗びき黒こしょう…各少々
- A
  - しょうゆ…小さじ1
  - 酒・オイスターソース…各小さじ1
  - 鶏ガラスープの素…小さじ¼
  - おろししょうが…少々
  - 砂糖…小さじ½
- B
  - 片栗粉…小さじ½
  - 水…小さじ1
- C
  - 小麦粉・水…各小さじ1

作り方

1. しいたけは石づきを除き、薄切りにする。
2. フライパンにサラダ油（適量）を中火で熱し、ひき肉を炒める。しいたけ、もやしを加えて塩、黒こしょうをふり、さっと炒め合わせ、Aを加えて混ぜる。しんなりとしてきたらBの水溶き片栗粉でしっかりとろみをつけ、バットなどに取り出して粗熱をとる。
3. 春巻きの皮に2の具材をのせ、Cの水溶き小麦粉を巻きおわりに塗って巻く。
4. フライパンにサラダ油を2㎝深さまで入れて170℃に熱し、3を揚げる。

味にアクセントのあるものを巻くのがおいしい秘訣

火を使わない春巻きの具のバリエーション

◎山いも×のり×明太子

◎さばみそ煮缶×チーズ×青じそ

◎冷凍えび×ホールコーン×マヨネーズ×シーズニングソルト×ディル

忙しいときにも役立つ

下味冷凍できるおかず

※冷凍する際は、冷凍用保存袋に入れ、空気を抜いてから冷凍してください。
調理する際は、電子レンジなどの解凍機能を使用し、解凍してから調理をしてください。

このまま冷凍してもOK

ソースを変えれば味変も

◎鶏むね肉のサルサソース

材料(作りやすい分量)

- 鶏むね肉…1枚(250g)
- A
  - 酒・マヨネーズ…各大さじ1
  - 塩・粗びき黒こしょう…各少々
- パン粉…適量
- 玉ねぎのみじん切り…1/8個分
- スイートチリソース…大さじ1
- トマトケチャップ…小さじ1

作り方

1. 保存用袋などにそぎ切りにした鶏肉、Aを入れてもみ込み、袋の口を閉じて冷蔵庫で30分〜一晩おく。
2. 1にパン粉をまぶし、フライパンにサラダ油(大さじ3)を中火で熱し、3分ほど揚げ焼きにする。
3. 玉ねぎは水にさらして水気をきり、チリソース、ケチャップと混ぜ、食べるときに2にかける。

衣はカリカリに!

◎中華風揚げ豚

材料(作りやすい分量)

- 豚肩ロース厚切り肉…200g
- しょうがの薄切り…1片分
- 長ねぎ(青い部分)…1本分
- A
  - おろしにんにく・甜麺醤(テンメンジャン)・みりん…各小さじ1
  - しょうゆ・ごま油…各小さじ2
  - 塩・粗びき黒こしょう…各少々
- 片栗粉…大さじ2

作り方

1. 豚肉は2㎝幅に切る。
2. 保存用袋などに1、しょうが、ねぎ、Aを入れてもみ、袋の口を閉じて30分〜一晩おく。
3. 2に片栗粉をまぶし、フライパンにサラダ油(大さじ3)を中火で熱し、2を火が通るまで5分ほど揚げ焼きにする。

漬け込んで焼くだけ!

◎手羽中グリル

材料(6本分)

- 手羽中…6本(120g)
- ごま油…小さじ1
- 酒…大さじ1
- おろししょうが・おろしにんにく…各小さじ1/2
- 鶏ガラスープの素…小さじ1弱
- 塩・粗びき黒こしょう…各少々

作り方

1. 保存用袋などにすべての材料を入れてもみ込み、袋の口を閉じて30分〜一晩おく。
2. 魚焼きグリルで7分ほど焼き目がつくまで焼く。

バターの風味が食欲そそる

◎サーモンのガリバタポン酢

材料(1人分)

- サーモン(刺し身用)…120g
- A
  - にんにくのみじん切り…1片分
  - ポン酢じょうゆ…大さじ1
  - バター…5g
  - 塩・粗びき黒こしょう…各少々
- 刻みパセリ…適量

作り方

1. サーモンは観音開きにし、アルミホイルにのせる。
2. 1にAを順にのせ、魚焼きグリルを中火に熱して6分焼く。火が通ったら、好みで刻んだパセリを散らし、レモンを添える。盛りつけるときはクッキングシートにのせても！ (P.38参照)。

黒ごまが香ばしい

◎鮭のごま照り焼き

材料(1人分)

- •生鮭の切り身…1切れ

A［ •しょうゆ・みりん・砂糖…各小さじ1

- •黒いりごま…適量

作り方

1. 鮭は水気を拭き、塩少々（分量外）をふって10分ほどおく。あれば骨、うろこを取り、さらに水気を拭く。
2. フライパンにサラダ油(適量)を中火で熱し、1を皮目から焼く。両面が焼けたら混ぜ合わせたAを加え、照りが出るまで絡める。
3. 黒いりごまを加えて全体に絡める。

間違いないハニマス味

◎サーモンのハニーマスタード

材料(1人分)

- •サーモン(刺し身用)…120g
- •塩・粗びき黒こしょう…各少々

A［ •粒マスタード…小さじ2
•はちみつ・しょうゆ…各小さじ1

作り方

1. サーモンは観音開きにし、アルミホイルにのせて塩、黒こしょうをふる。
2. サーモンの表面に混ぜ合わせたAを塗り、魚焼きグリルを中火に熱して6分焼く。盛りつけるときはクッキングシートにのせても！（P.38参照）。

カリカリパン粉が旨い

◎メカジキの香草焼き

材料(1人分)

- メカジキの切身…1切れ
- A
  - パン粉…大さじ1
  - マヨネーズ…小さじ2
  - シーズニングソルト…小さじ½
  - 粉チーズ・バジル(乾燥)・パセリ(みじん切り、乾燥でも可)…各適量
  - 粗びき黒こしょう…少々

作り方

1. アルミホイルにメカジキをのせ、混ぜ合わせたAを塗る(マヨネーズの量はかたさをみて調整する)。
2. オーブントースターで10分ほど火が通るまで焼く。

梅肉＋青じそでさっぱり

◎梅風味のあじフライ

材料(1人分)

- あじ(3枚におろしたもの)…1尾分
- 梅肉…適量
- 青じそ…2枚
- A
  - 小麦粉…大さじ3
  - 水………大さじ2
  - マヨネーズ………大さじ1
- パン粉…適量

作り方

1. あじの身に梅肉を塗り、青じそでおおう。
2. バットにAを混ぜ合わせ、1をつけ、パン粉を全体にまぶす。
3. フライパンにサラダ油を2cm深さまで入れて170℃に熱し、2を揚げる。

コスパ最強天ぷら

◎ちくわとカニかまの磯辺揚げ

材料(1人分)

- ちくわ…2本
- カニ風味かまぼこ…2切れ
- A
  - 小麦粉…大さじ3
  - 水…大さじ2
  - マヨネーズ…大さじ1
  - 青のり…小さじ½

作り方

1. ちくわは斜め半分に切る。
2. ボウルにAを混ぜ合わせ、1、カニかまぼこにたっぷりとつける。
3. フライパンにサラダ油を2cm深さまで入れて170℃に熱し、2を揚げる。

練乳を入れるとマイルドに

◎えびマヨ

材料(1人分)

- 冷凍むきえび…5～6尾
- 塩…少々
- 卵白…1個分
- 片栗粉…大さじ1程度
- A
  - マヨネーズ・トマトケチャップ・スイートチリソース…各大さじ1
  - 練乳…小さじ½(なくても可)

作り方

1. えびは解凍し、臭みが気になる場合は片栗粉と水(各適量、分量外)で洗い、ペーパータオルで水気をよく拭く。
2. ボウルに卵白を入れ、少し泡が立つくらいまで箸で切るようによく混ぜる。塩、片栗粉を加えて混ぜ、えびを入れて衣をまとわせる。
3. フライパンにサラダ油(大さじ3)を中火で熱し、2を揚げ焼きにする。両面を焼いたら一度取り出し、油をペーパータオルなどで吸い取る。Aを入れて再び中火で熱し、えびを戻して和える。

はんぺんを使うから簡単!

◎ふわふわえびカツ

材料(3個分)

- 冷凍むきえび…45g
- はんぺん…¼枚
- A
  - 片栗粉…小さじ2
  - マヨネーズ…小さじ1
  - シーズニングソルト…小さじ½
  - ディル…適量
- B
  - 小麦粉…大さじ1
  - 水…小さじ2
  - マヨネーズ…小さじ1
- パン粉…適量

作り方

1. えびは解凍し、臭みが気になる場合は片栗粉と水(各適量、分量外)で洗い、ペーパータオルで水気をよく拭き、細かめのぶつ切りにする。ディルはちぎる。
2. ボウルに1、はんぺん、Aを入れてはんぺんをつぶしながら混ぜ、3等分に丸く成形する。
3. 混ぜ合わせたBに2を絡ませ、パン粉をまぶす。フライパンにサラダ油を2㎝深さまで入れて170℃に熱し、3分ほど揚げる。

ⓐ 材料（1人分）

- ブロッコリー…5房程度
- A
  - シーズニングソルト…適量
  - ピザ用チーズ…20〜30g

作り方

フライパンにオリーブ油（適量）を中火で熱し、ブロッコリーを片面2分30秒ずつ、上下を返しながら焼く。火が通ったらAをのせ、チーズがカリッとするまで焼く。

チーズがカリカリ♪

ⓐ ブロッコリーのチーズ焼き

和風味にハマる

ⓑ ブロッコリーのおかか和え

イタリアンなおいしさ

ⓒ ブロッコリーのペペロンチーノ

ⓒ 材料（1人分）

- ブロッコリー…5房程度
- にんにく…½片
- 赤唐辛子（輪切り）…適量
- A
  - 顆粒コンソメ…少々
  - 塩・粗びき黒こしょう…各少々

作り方

1. にんにくはみじん切りにする。
2. フライパンにオリーブ油（適量）、にんにく、赤唐辛子を入れ、弱火で加熱する。香りが立ったら中火にしてブロッコリーを加え、焼き色をつける。火が通ったら、Aを加える。

ⓑ 材料（1人分）

- ブロッコリー…5房程度
- 削り節…1袋（1.5g）
- めんつゆ（4倍濃縮）…小さじ½

作り方

1. 耐熱容器にブロッコリーを入れ、ラップをして電子レンジ（600W）で1分30秒加熱する。
2. 水気が出たらペーパータオルで拭き取り、削り節、めんつゆを加えて混ぜる。

七味唐辛子が決め手

◎ピーマンとちくわのきんぴら

材料（1人分）

- ピーマン…½個
- パプリカ（赤・黄）…¼個
- ちくわ…1本
- A
  - しょうゆ・みりん・酒…各小さじ1
  - 七味唐辛子…適量

作り方

1. ピーマン、パプリカは種とへたを取り、5㎜幅に切る。ちくわは5㎝長さの細切りにする。
2. フライパンにサラダ油（適量）を中火で熱し、1を炒める。
3. 焼き色がついたらAを加えてさらに炒める。

コクうまマヨ炒め

◎ピーマンのちくわマヨ

材料（1人分）

- ピーマン…½個
- ちくわ…1本
- マヨネーズ…小さじ1
- 塩…少々
- 粗びき黒こしょう…適量

作り方

1. ピーマンは種とへたを取り、乱切りにする。ちくわは1㎝幅の斜め切りにする。
2. フライパンにマヨネーズを中火で熱し、ピーマン、ちくわを炒める。
3. 焼き色がついたら塩をふり、黒こしょうを多めにふる。

ごはんとの相性も抜群

◎ピーマンとパプリカの中華炒め

材料（1人分）

- ピーマン…½個
- パプリカ（赤）…¼個
- A
  - オイスターソース…小さじ1
  - 鶏ガラスープの素…少々

作り方

1. ピーマン、パプリカは種とへたを取り、5㎜幅に切る。
2. フライパンにサラダ油（適量）を中火で熱し、1を炒める。
3. 全体に油がまわったらAを加えてさっと炒める。

緑と黄色で華やかに

◎オクラとコーンのツナマヨ和え

材料(1人分)

- オクラ…3本
- 冷凍ホールコーン…大さじ1
- ツナ缶…½缶
- マヨネーズ…小さじ1
- 塩・粗びき黒こしょう…各少々

作り方

1. コーンは解凍して水気を拭く。ツナは缶汁をきっておく。
2. オクラは塩適量(分量外)をまぶしてこすり合わせて洗い、ガクを除いて3等分の乱切りにする。耐熱容器に入れてラップをせず、電子レンジ(600W)で20秒加熱し、水気を拭き取って粗熱をとる。
3. オクラ、コーン、ツナ、マヨネーズを混ぜ合わせ、塩、黒こしょうで味を調える。

サクサクやみつき食感

◎オクラのから揚げ

材料(1人分)

- オクラ…3本
- A
  - おろしにんにく・おろししょうが…各少々
  - だししょうゆ…小さじ1(またはしょうゆ小さじ½)
- 片栗粉…小さじ1

作り方

1. オクラは塩適量(分量外)をまぶしてこすり合わせて洗い、ガクを除いて3等分ほどの乱切りにする。
2. ボウルにオクラを入れ、A、片栗粉を順にまぶす。
3. フライパンにサラダ油(大さじ3)を中火で熱し、2を1分ほど揚げ焼きにする。

オクラの切り口がかわいい

◎オクラのめんつゆおかか和え

材料(1人分)

- オクラ…3本
- 削り節…1袋(1.5g)
- めんつゆ(4倍濃縮)…小さじ½〜1

作り方

1. オクラは塩適量(分量外)をまぶしてこすり合わせて洗い、ガクを除いて7㎜幅の輪切りにする。
2. ボウルにオクラ、削り節、めんつゆを入れて和える。

エスニックな味つけ♪

◎ゴーヤのナンプラーバター焼き

材料(1人分)

- ゴーヤ…3cm
- ナンプラー…小さじ1
- バター…5g

作り方

1. ゴーヤは半分に切って種とワタを取り、5mm厚さの半月切りにする。
2. フライパンにバターを中火で熱し、1を炒める。しんなりとしたら、ナンプラーを加えて炒める。

箸休めにぴったり

◎ズッキーニのさっぱりポン酢じょうゆ

材料(1人分)

- ズッキーニ…5cm
- ポン酢じょうゆ…大さじ1

作り方

1. ズッキーニは縦半分に切り、縦4等分の放射状に切る。
2. フライパンにサラダ油(適量)を中火で熱し、ズッキーニをころがしながら焼き、火が通ったらポン酢じょうゆをまわしかける。

チーズはカリッと香ばしく焼いて

◎ズッキーニとなすのチーズカレー焼き

材料(1人分)

- ズッキーニ…3cm
- なす…3cm
- ピザ用チーズ…20〜30g
- カレー粉・シーズニングソルト…各少々

作り方

1. ズッキーニ、なすは7mm厚さの輪切りにする。
2. フライパンにオリーブ油(適量)を中火で熱し、ズッキーニ、なすを焼く。両面に焼き色がついたら、カレー粉、シーズニングソルトをふる。
3. チーズを散らし、チーズがカリッとするまで焼き上げる。

ⓐ 材料（1人分）

- グリーンアスパラガス…1本
- シーズニングソルト…少々

作り方

1. アスパラガスは、根元の⅓の皮をピーラーでむき、半分の長さに切る。
2. フライパンにサラダ油（適量）を中火で熱し、アスパラガスを焼く。焼き目がついたらシーズニングソルトをふる。

ⓑ 材料（1人分）

- ほうれん草…1束
- めんつゆ（4倍濃縮）…小さじ½

作り方

1. ほうれん草は5cm長さに切り、ラップをして電子レンジ（600W）で40秒加熱する。冷水にさらして水気を絞る。
2. 1にめんつゆを加える。好みで削り節、白すりごまをのせる。

緑野菜色々

ⓒ 材料（作りやすい分量）

- 春菊…1袋
- 白すりごま…大さじ1
- めんつゆ（4倍濃縮）・砂糖…各小さじ1

作り方

1. 春菊はかたい部分は切り落とし、3〜4cm長さに切る。
2. 鍋に塩適量（分量外）を加えたお湯を沸かし、春菊の軸の部分を30秒ゆでる。葉の部分も入れて、しんなりしたら冷水にさらして水気を絞る。
3. ボウルに白すりごま、めんつゆ、砂糖を混ぜ合わせ、2を加えてよく和える。

ⓓ 材料（1人分）

- スナップエンドウ…3本
- 和風だしの素…ひとつまみ
- マヨネーズ…小さじ½

作り方

1. スナップエンドウは斜めに切る。耐熱容器に入れてラップをし、電子レンジ（600W）で20〜30秒加熱する。
2. 粗熱をとり、和風だしの素、マヨネーズを加えて和える。

サラダ感覚で味わえる

◎甘酢しょうがのキャロットラペ

材料(1人分)

- にんじん…½本
- しょうがの甘酢漬け(市販品)…10g
- 塩…少々
- オリーブ油…大さじ½
- はちみつ…少々

作り方

1. にんじんはせん切りにする。ボウルに入れ、塩を加えてもみ込み、5分ほどおく。しょうがの甘酢漬けは食べやすい大きさに刻む。
2. にんじんの水気を絞り、しょうがの甘酢漬け、オリーブ油、はちみつを加えて和える。

むしゃむしゃ食べたい

◎にんじんしりしり

材料(1人分)

- にんじん…⅓本
- 卵…1個
- 和風だしの素…ひとつまみ
- だししょうゆ…少々

作り方

1. にんじんはせん切りにする。ボウルに卵を割りほぐしておく。
2. フライパンにごま油(適量)を中火で熱し、にんじんを炒める。しんなりしたら和風だしの素を加える。
3. 卵液を加えて炒め、卵に火が通ったらだししょうゆで味を調える。

リボン状のグラッセ

◎バター風味のひらひらにんじん

材料(1人分)

- にんじん…縦¼本分
- バター…5g
- 砂糖…小さじ½
- 塩…少々

作り方

1. にんじんはピーラーでリボン状に切る。
2. 耐熱容器に1、バター、砂糖、塩を加えて混ぜ、ラップをして電子レンジ(600W)で40秒加熱する。好みでパセリを飾る。

ちゃちゃっとできちゃう♪

◎にんじんのだしマヨ

材料(2人分)

- にんじん…½本
- 和風だしの素…小さじ½
- マヨネーズ…小さじ1

作り方

1. にんじんはせん切りにして耐熱ボウルに入れ、ラップをして電子レンジ(600W)で30秒加熱し、粗熱をとって水気を絞る。
2. 1に和風だしの素とマヨネーズを加えて混ぜ合わせる。

お手軽なのにおいしい

◎ヤングコーンのめんつゆ漬け

材料(1人分)

- ヤングコーン…2本
- めんつゆ(4倍濃縮)…小さじ1

作り方

1. フライパンにサラダ油(適量)を中火で熱し、ヤングコーンを焼く。
2. 容器にめんつゆを入れ、味がなじむまで1を5分漬ける。

こんがりさせて塩味で

◎ヤングコーンのソテー

材料(1人分)

- ヤングコーン…2本
- シーズニングソルト…少々

作り方

1. ヤングコーンは縦半分に切る。
2. フライパンにサラダ油(適量)を中火で熱し、1の切った面を下にして焼く。
3. 焼き色がついたらシーズニングソルトをふる。

ほんのり甘くてデザート感覚
◎かぼちゃのハニーボール

材料(4個分)
- かぼちゃ…100g
- はちみつ…小さじ1
- バター…5〜10g
- ナッツ・ディル(飾り用)…各適量

作り方
1. かぼちゃは種とワタを取り、皮を除いてぶつ切りにする。耐熱容器に入れてラップをし、電子レンジ(600W)で3分加熱する。
2. 温かいうちにバターを加えてフォークでつぶし、はちみつを加えて混ぜる。
3. 4等分にしてラップで丸く成形し、冷蔵庫で冷やす。ナッツやディルを飾る。

かぼちゃ

素材のうまみをいかして
◎かぼちゃのグリル

材料(1人分)
- かぼちゃ…60g
- シーズニングソルト…適量

作り方
1. かぼちゃは種とワタを取り、5㎜幅の薄切りにし、アルミホイルの上に並べる。
2. かぼちゃにオリーブ油(適量)、シーズニングソルトをふり、オーブントースターで8〜10分焼く。

ナッツの種類はお好みで
◎塩バターかぼちゃのナッツのせ

材料(1人分)
- かぼちゃ…100g
- ナッツ…適量
- A
  - バター…5〜10g
  - 砂糖…ひとつまみ
  - 塩…少々

作り方
1. かぼちゃは種とワタを取り、2㎝角に切る。ナッツはくだいておく。
2. 耐熱容器にかぼちゃ、Aを入れて混ぜ、ラップをして電子レンジ(600W)で2〜3分、竹串が通るくらいのやわらかさになるまで加熱する。ナッツを加えて混ぜる。

加熱してジューシーに

◎ミニトマトのベーコン巻き

材料(1人分)

- ミニトマト…3個
- ベーコン…3枚

作り方

1. ミニトマトにベーコンを巻き、つまようじで刺して留める。
2. フライパンにサラダ油(適量)を中火で熱し、焼き色がつくまで1を焼く。

爽やかさっぱり和風味

◎ミニトマトと青じそのだししょうゆ和え

材料(1人分)

- ミニトマト…5個
- 青じそ…1枚
- めんつゆ(4倍濃縮)…小さじ1

作り方

1. ミニトマトは皮に包丁で軽く切れ目を入れる。鍋にお湯を沸かし、ミニトマトを5秒ほどくぐらせ、冷水にさらして湯むきする。水気はきっておく。
2. 1と細かくちぎった青じそ、めんつゆを和える。

ふりかけで時短に

◎ミニトマトの赤しそ和え

材料(1人分)

- ミニトマト…5個
- 赤しそふりかけ…適量

作り方

ミニトマトは半分に切り、赤しそふりかけと和える。

ⓐ 材料（1人分）

- パプリカ（赤）…¼個
- にんじん…¼本
- 塩…少々
- A
  - 鶏ガラスープの素…小さじ½
  - ごま油…小さじ1
  - おろしにんにく…少々

作り方

1. パプリカは種とへたを取って縦せん切りにする。にんじんはせん切りにする。ボウルに入れ、塩を加えてもみ込む。
2. 水気が出たら絞り、Aを加えて和える。

ⓑ 材料（1人分）

- パプリカ（赤・黄）…各½個
- トマトケチャップ…小さじ1
- カレー粉・顆粒コンソメ…各少々

作り方

1. パプリカは種とへたを取り、縦細切りにする。
2. フライパンにサラダ油（適量）を中火で熱し、パプリカを炒める。焼き色がついたらケチャップ、カレー粉を加えてさらに炒め、コンソメで味を調える。

ⓒ 材料（1人分）

- パプリカ（赤・黄）…各½個
- A
  - 粒マスタード…小さじ1
  - しょうゆ…少々
  - 塩・粗びき黒こしょう…各少々

作り方

1. パプリカは種とへたを取って乱切りにし、オーブントースターで5分焼く。
2. 1にAを混ぜ合わせて和える。

ⓓ 材料（1人分）

- パプリカ（赤）…¼個
- 和風だしの素…少々
- マヨネーズ…小さじ½

作り方

1. パプリカは種とへたを取り、縦せん切りにする。耐熱ボウルに入れてラップをし、電子レンジ（600W）で30秒加熱する。粗熱をとって水気を絞る。
2. 和風だしの素とマヨネーズを加えて和える。

Ⓐ 材料(作りやすい分量)

- 紫キャベツ…⅛個
- 塩…少々
- ごま油…小さじ1程度
- おろしにんにく…少々
- 白いりごま…適量

作り方

1. 紫キャベツはせん切りにする。ボウルに入れ、塩を加えてもみ込み、5分ほどおく。
2. 紫キャベツの水気を絞り、ごま油、おろしにんにくを加えて和える。
3. 白いりごまをふり、味を見て足りなければ塩を追加して調える。

これひとつでおしゃれ度アップ

Ⓐ 紫キャベツのナムル

ごまマヨ味で食べやすく

Ⓒ 紫キャベツとひじきとれんこんのサラダ

ついつまみたくなる

Ⓑ 紫キャベツのアンチョビガーリック

Ⓒ 材料(作りやすい分量)

- 紫キャベツ…⅛個
- 塩…少々
- ひじき煮…50g（P.121参照）
- れんこん…30g
- マヨネーズ…小さじ2
- 白いりごま…適量

作り方

1. 紫キャベツは1㎝四方に切る。ボウルに入れ、塩を加えてもみ込み、5分ほどおく。れんこんは2㎜厚さのいちょう切りにして水にさらし、電子レンジ(600W)で30秒加熱する。
3. 紫キャベツの水気を絞り、ひじき煮、れんこん、マヨネーズを加えて和える。白ごまをふり、足りなければ塩で味を調える。

Ⓑ 材料(作りやすい分量)

- 紫キャベツ…⅛個
- にんにく…½片
- アンチョビフィレ…1〜2枚
- 塩…少々

作り方

1. 紫キャベツは細切りにする。にんにくはみじん切りにする。
2. フライパンにオリーブ油(適量)、アンチョビフィレ、にんにくを入れて弱火で熱し、香りが立ったら紫キャベツを加えて中火で炒め、塩で味を調える。

ⓓ 材料(1人分)

- 紫キャベツ…1/8個
- 冷凍ホールコーン…大さじ1
- 塩…少々
- A
  - マヨネーズ…小さじ2
  - りんご酢…小さじ1
  - 砂糖…小さじ1/2
  - 塩･粗びき黒こしょう…各少々

作り方

1. 紫キャベツはせん切りにしてボウルに入れ、塩を加えてもみ込む。出てきた水気を絞る。コーンは解凍する。
2. ボウルに1、混ぜ合わせたAを入れて混ぜる。

りんご酢のほのかな甘み
ⓓ 紫キャベツとコーンのコールスロー

色はカラフル味はシンプル
ⓔ 紫キャベツと豆苗と桜えび

辛い場合はマヨをプラス
ⓕ 紫キャベツのスイチリ和え

ⓕ 材料(作りやすい分量)

- 紫キャベツ…1/8個
- スイートチリソース…小さじ1
- 塩…少々

作り方

1. 紫キャベツはせん切りにする。ボウルに入れ、塩を加えてもみ込み、5分ほどおく。
2. 紫キャベツの水気を絞り、スイートチリソース、好みでマヨネーズを加えて和える。

ⓔ 材料(作りやすい分量)

- 紫キャベツ…1/8個
- 豆苗…1/4パック
- 桜えび…適量
- 塩…少々
- だししょうゆ…小さじ1

作り方

1. 紫キャベツはせん切りにする。豆苗は3cm幅に切る。ボウルに入れて塩を加えてもみ込み、5分ほどおく。
2. 1の水気を絞り、桜えびを加え、だししょうゆをまわしかけて混ぜる。

葉っぱつきで丸ごと

◎ラディッシュのソテー

材料(1人分)

- ラディッシュ…1個
- シーズニングソルト…少々

作り方

1. ラディッシュは縦半分に切る。
2. フライパンにサラダ油(適量)を中火で熱し、ラディッシュを焼く。
3. 焼き色がついたらシーズニングソルトをふる。

彩りの万能選手!

◎ラディッシュ・赤大根の塩もみ

材料

(作りやすい分量)

- ラディッシュ…1個
- 赤大根…3cm
- 塩…少々

作り方

1. ラディッシュはスライサーで薄くスライスする(手を切らぬよう注意)。赤大根は1mm幅の薄切りにする。
2. それぞれボウルに入れ、塩を加えて5分ほどおき、出てきた水気を絞る。

おかずにもおやつにも

◎さつまいものシュガーバター

材料(1人分)

- さつまいも…100g
- バター…5〜10g
- 砂糖…大さじ½

作り方

1. さつまいもは皮つきのまま1cm角に切り、水にさらす。
2. 耐熱容器に1を入れ、ラップをして電子レンジ(600W)で3分加熱する。
3. フライパンにバターを弱火で熱し、2、砂糖を加えて焼き絡める。

れんこん

飾りにあるとうれしい

◎れんこんチップス

材料（1人分）

- れんこん…5cm
- 塩…少々

作り方

1. れんこんは薄切りにし、水にさらしてペーパータオルで水気を拭き取る。
2. フライパンにサラダ油を2cm深さまで入れて170℃に熱し、1を揚げて、塩をふる。

揚げ焼きだから簡単にできる

◎れんこん竜田

材料（1人分）

- れんこん…5cm
- シーズニングソルト…5〜8ふり
- 片栗粉…大さじ1

作り方

1. れんこんは7mm厚さの半月切りにする。水にさらしてペーパータオルで水気を拭き取る。
2. ポリ袋にれんこん、シーズニングソルトを入れて混ぜ、片栗粉を全体にまぶす。
3. フライパンにサラダ油を2cm深さまで入れて170℃に熱し、2を揚げ、好みでパセリをふる。

乱切りで食べごたえアップ

◎れんこんカレーマヨ

材料（1人分）

- れんこん…5cm
- マヨネーズ…大さじ1
- カレー粉…小さじ½
- 塩・粗びき黒こしょう…各少々

作り方

1. れんこんは乱切りにして水にさらし、水気をきる。耐熱容器に入れてラップをし、電子レンジ（600W）で1分加熱する。
2. フライパンにマヨネーズを入れて中火で熱し、1、カレー粉を入れて炒める。
3. 焼き色がついたら、塩、黒こしょうをふる。

白だしで簡単煮物

◎しいたけとかぼちゃの白だし煮

材料(1人分)

- しいたけ…1個
- かぼちゃ…30g
- 白だし…大さじ2
- 水…150mℓ

作り方

1. しいたけは石づきを除き、できれば飾り切りにする。耐熱容器にかぼちゃを入れてラップをし、電子レンジ(600W)で2分加熱する。
2. 小さめの鍋に白だし、水を入れて中火で熱し、かぼちゃ、しいたけを加えて3分ほど煮る。

卵をまとってまろやかに

◎エリンギのピカタ

材料(作りやすい分量)

- エリンギ…2本
- 卵…1個
- 粉チーズ…大さじ2
- 塩・粗びき黒こしょう…各少々
- バター…適量

作り方

1. エリンギは長さを半分にし、薄切りにする。
2. ボウルに卵を割りほぐし、粉チーズ、塩、黒こしょうを加えて混ぜる。
3. フライパンにバターを中火で熱し、エリンギを2につけて片面1分30秒ずつ焼く。

食感を残すように炒めて

◎エリンギの中華炒め

材料(1人分)

- エリンギ(小さめ)…2本
- A
  - 鶏ガラスープの素…ひとつまみ
  - オイスターソース…小さじ2
- しょうゆ…少々

作り方

1. エリンギは長さを半分にし、縦6等分に切る。
2. フライパンにごま油(適量)を中火で熱し、エリンギを炒める。
3. Aを加えて炒め、最後にしょうゆをたらす。

つくり置きしておきたい

◎ひじき煮

材料（作りやすい分量）

- 乾燥ひじき…15g
- にんじん…¼本
- ちくわ…2本
- 大豆の水煮…30g
- 砂糖…大さじ½
- 水…150mℓ
- A
  - しょうゆ・みりん…各大さじ1
  - 酒…大さじ½
  - 和風だしの素…小さじ1

作り方

1. ひじきは水で戻しておく。にんじん、ちくわは5cm長さの細切りにする。
2. フライパンにサラダ油（適量）を中火で熱し、にんじん、ちくわを炒める。しんなりしたら、ひじき、大豆の水煮を加えてさらに炒める。
3. 砂糖、水を加えてひと煮立ちさせ、Aを順に加え、水分が半分程度になるまで煮る。

好みの野菜を加えても

◎彩り野菜の揚げびたし

材料（作りやすい分量）

- パプリカ（赤・黄）…各¼個
- ししとう…2本
- スナップエンドウ…3～4本
- A
  - めんつゆ（4倍濃縮）…20mℓ
  - 水…60mℓ

作り方

1. パプリカは種とへたを取り乱切りにする。ししとうは包丁で数か所穴を開けておく。スナップエンドウは筋を取る。
2. フライパンにごま油（大さじ3）を中火で熱し、1を揚げ焼きにする。
3. 揚がったら混ぜ合わせたAに漬け、30分程度冷蔵庫で冷やす。

お弁当の隙間埋めにピッタリ

酢漬け

ⓑ 材料（作りやすい分量）

- 紫玉ねぎ…½個
- A
  - りんご酢・水…各50mℓ
  - はちみつ…小さじ2

作り方

1. 紫玉ねぎは薄切りにして水にさらし、水気をきる。
2. 保存容器に1、Aを入れて味がなじむまで漬ける。

ⓐ 材料（作りやすい分量）

- にんじん…¼本
- パプリカ（赤・黄）…各¼本
- 大根…5cm
- A
  - りんご酢・水…各100mℓ
  - 砂糖…大さじ4
  - 塩…ふたつまみ
  - ローリエ…1枚

作り方

1. にんじん、パプリカ、大根は同じ長さの棒状に切り、保存容器に入れる。
2. 鍋にAを入れて中火で熱し、沸騰したら火を止める。
3. 1に2を流し入れ2時間〜一晩漬ける。

爽やかな甘み♪
ⓓ ミニトマトのハニーレモン漬け

甘酸っぱくて色鮮やか
ⓒ ミニトマトのピクルス

お酢につけるとピンクに
ⓑ 紫玉ねぎの甘酢漬け

常備しておくと便利
ⓐ 色々野菜のピクルス

ⓓ 材料（作りやすい分量）

- ミニトマト…10個
- A
  - オリーブ油…大さじ4
  - はちみつ…大さじ2
  - レモンの薄切り…1枚

作り方

1. ミニトマトは皮に包丁で軽く切れ目を入れる。鍋にお湯を沸かし、ミニトマトを5秒ほどぐらせ、冷水にとって湯むきする。
2. 保存容器に1、Aを入れて味がなじむまで漬ける。

ⓒ 材料（作りやすい分量）

- ミニトマト…10〜20個
- 水…100mℓ
- りんご酢…50mℓ
- はちみつ…小さじ2（好みの量）

作り方

1. ミニトマトは皮に包丁で軽く切れ目を入れる。鍋にお湯を沸かし、ミニトマトを5秒ほどぐらせ、冷水にとって湯むきする。
2. 鍋にりんご酢、水を入れて火にかける。沸騰したら火から下ろし、粗熱をとる。
3. 保存容器に1、2、はちみつを加えて、2時間〜一晩漬ける。

Chapter 4.

主食のバリエーション

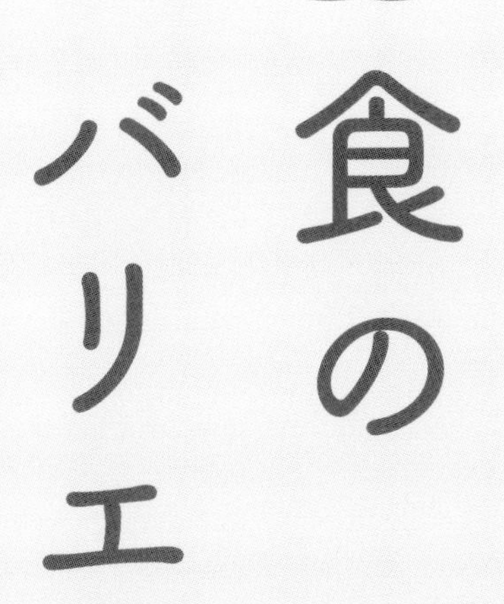

おかずを何品もつくるのが難しい場合は、
主食メインのお弁当によく頼っています。
〝簡単〟だけど〝手抜きに見えない〟のがポイント。
ちょっとしたご褒美にうれしいちらし寿司や、
SNSでつくって！という声の多かった
行楽弁当も紹介します。

時短

ごはんも
お肉も鍋に
入れるだけ

カオマンガイ ｜弁当

鍋にお米と鶏肉、調味料など、すべて入れてあとは炊くだけ。
超簡単なのに、お肉の味がじんわりしみ込んだ絶品ごはんに！

◎カオマンガイ

材料（作りやすい分量）
- 米…1.5合
- 鶏もも肉…1枚（250g）
- しょうが…1片
- 長ねぎ（青い部分）…1本分
- A
  - 酒…大さじ1
  - 中華だしペースト…小さじ½（なければ鶏ガラスープの素小さじ1弱）
  - おろしにんにく…小さじ½
- B
  - 白練りごま・しょうゆ…各小さじ1
  - みりん・酢…各小さじ1弱
  - 砂糖・コチュジャン…各小さじ½（お好みで）

作り方

1. 米は洗って30分ほど浸水させる。鶏肉は皮目に包丁の刃で10か所程度切り目を入れる。しょうがは薄切りにする。
2. フライパンにサラダ油（適量）を中火で熱し、鶏肉の皮目だけを焼く。焼き色がついたら取り出す。
3. 16~18cmの鍋に米、水300mℓ（炊飯器の場合は、1.5合のメモリまで水を入れる）、Aを入れて混ぜる。鶏肉の皮目を上にしてのせ、しょうが、長ねぎをのせる。ふたをして中火で熱し、煮立ったら弱火にして10分ほど炊き、火を止めてそのまま10分蒸らす。粗熱がとれたらお弁当箱に盛り、混ぜ合わせたB、好みでライムを添える。

鍋に調味料と米と水を合わせ
鶏肉、しょうが、長ねぎをのせます。

ふたをして炊き、
10分蒸らしてできあがり。

THAI FOOD

SNSで人気

麺と和えると
おいしい
ピリ辛の具材

ジャージャー麺 | 弁当

ピリ辛のそぼろ肉が中華麺によく合う人気のジャージャー麺。
塩もみした野菜も添えれば、栄養バランスもボリュームも満点です。

ワックスペーパーを敷くだけで
おしゃれ感UP&におい移りも防止。
麺はひと口サイズに丸めて入れると
時間が経っても食べやすいです。

◎ジャージャー麺

◎きゅうりの塩もみ
◎赤大根の塩もみ

材料(1人分)

- 中華麺(乾麺)…1束
- 豚ひき肉…50g
- えのきだけ…⅛袋
- ゆでたけのこの細切り…15g
- 長ねぎ…3㎝
- 塩・粗びき黒こしょう…各少々
- A
  - 甜麺醤(テンメンジャン)……大さじ½
  - 豆板醤(トウバンジャン)…少々(お好みの辛さで)
  - しょうゆ・酒・オイスターソース…各小さじ½
  - おろししょうが・おろしにんにく・砂糖…各小さじ¼
  - 水…40mℓ
  - 中華だしペースト…小さじ¼(なければ鶏ガラスープの素小さじ½)
- B
  - 水…小さじ½
  - 片栗粉…小さじ¼
- きゅうり…½本
- 赤大根の塩もみ…適量(P.118参照)

作り方

1. えのきだけ、たけのこ、長ねぎはみじん切りにする。きゅうりはせん切りにして塩少々(分量外)をふり、水気を絞る。
2. フライパンにサラダ油(適量)を中火で熱し、ひき肉を炒める。色が変わったら塩、黒こしょうをふり、えのきだけ、たけのこ、長ねぎを加えてさらに炒める。油が回ったら混ぜ合わせたAを加えて炒め煮にする。よく混ぜたBでかためにとろみをつける。
3. 鍋に湯を沸かし、中華麺を袋の表示時間通りにゆでる。ゆで上がったらしっかりと湯切りし、ごま油少々(分量外)をからめる。ひと口サイズに丸めてお弁当箱に盛り、2、1のきゅうり、赤大根の塩もみをのせる。

一品で朝ラク

見た目も
キュートな
ひと口サイズ

キンパ｜弁当

お肉も野菜も入って食べ応えのある韓国のり巻きのキンパ。
具材をつくり置きしておけば、朝は〝巻くだけ〟なのでラクちん！

◎キンパ

材料(作りやすい分量)
- 温かいごはん(あれば雑穀米)…150g
- 牛薄切り肉…70g
- にんじん…¼本
- ほうれん草(小さめの束)…1束
- たくあんのせん切り…10〜20g
- のり…全形1枚
- 酒・焼肉のたれ・ごま油…各小さじ1
- 塩…少々

A
- 焼肉のたれ(市販品)…小さじ2
- コチュジャン…小さじ1

B
- 鶏ガラスープの素・塩…各少々
- ごま油…小さじ½

C
- 鶏ガラスープの素・塩…各少々
- ごま油…小さじ½

作り方
1. ポリ袋に牛肉、酒、焼肉のたれを入れてよくもみ込む。にんじんはせん切りにする。ほうれん草は5cm長さに切る。ボウルにごはんを入れ、ごま油、塩を混ぜておく。
2. フライパンにサラダ油(適量)を中火で熱し、牛肉を炒める。焼き色がついたら、Aを加えて混ぜ、火が通ったら取り出して粗熱をとる。
3. 耐熱容器ににんじんを入れてラップをし、電子レンジ(600W)で40秒加熱する。Bを加えて混ぜる。別の耐熱容器にほうれん草を入れて同様に電子レンジで1分加熱する。冷水にさらして水気を絞り、Cを加えて混ぜる。
4. のりの上にごはんを広げ、2、3、たくあんを並べて巻きすで巻く(P.130で巻き方を紹介)。3cm厚さに切ってお弁当箱に詰め、好みで白いりごま、糸唐辛子を飾る。

FROM KOREA

1 ごはんを盛る

奥を3cmほどあけて、ごはんを薄く
均等に敷き詰めます。

2 ほうれん草と肉を盛る

ごはんの中央に
具材を並べて盛ります。

3 にんじんとたくあんを盛る

2の具材の上に
さらに均等に盛ります。

4 巻く

巻きすを持ち上げ、奥のごはんのふちを
目がけて巻いていきます。

巻きすなしで簡単につくれる！ ◎ミニキンパ

のりや薄焼き卵に少量盛ってひと巻き！

薄焼き卵をのりのかわりに使うと
彩り豊かに！

カットしたのりを使い
手巻き寿司感覚で巻くだけ。

KAWAii

より簡単に包める

好きな具を重ねてラップで包めば完成！

照り焼きチキンのおにぎらず ｜ 弁当

照り焼きチキンをまるごと重ねて包むボリューミーな一品！
おにぎりやのり巻きづくりが苦手という人もこの方法なら簡単です。

◎照り焼きチキンのおにぎらず

材料（1個分）

- 温かいごはん…250g
- 鶏もも肉…½枚（125g）
- パプリカ（赤）…¼個
- 卵…1個
- レタス…適量
- のり…全形1枚、¼サイズ1枚
- 塩・粗びき黒こしょう…各適量

A［・しょうゆ・みりん・砂糖…各大さじ½

B［・白だし…小さじ½
　 ・砂糖…ひとつまみ

- マヨネーズ…大さじ½

作り方

1. 鶏肉は塩、黒こしょう各少々をふる。フライパンにサラダ油（適量）を中火で熱し、鶏肉を皮目から焼く。両面が焼けたら、Aを加えて照りが出るまで絡める。
2. パプリカはせん切りにする。フライパンにサラダ油（適量）を中火で熱し、パプリカを軽く炒め、塩、黒こしょう各少々をふる。
3. ボウルに卵を割り入れ、Bを加えて溶きほぐす。卵焼き器にサラダ油（適量）を中火で熱し、卵液を流して全面に広げ、かたまってきたら半分に折りたたんで鶏肉と同じ大きさの平たい正方形の卵焼きをつくる。
4. ラップを広げ、のりの上にごはん½量を正方形に整えてのせ、レタス、1、マヨネーズ、卵焼き、パプリカの順に重ね、さらにごはん、¼サイズののりをかぶせてラップで巻く（包み方はP.134で紹介）。しばらくそのまま置き、ラップごと等分に切ってお弁当箱に詰める。

ごはん½量は正方形に整え
写真のような置き方にします。

▼

レタスでおおってから
その上にチキンをのせます。

▼

マヨネーズ、卵焼きをのせ、
パプリカをのせて広げます。

重ねるごはんを正方形に
ラップに盛って準備します。

▼

ラップにのせたまま
ひっくり返して盛ります。

▼

形をきれいに整えてから
ラップを外します。

のりはごはんと同じ大きさに
カットしておきます。

のりの四隅を中心に折る
ようにラップごと包みます。

包んだら、ラップの上から
形を整えてしばらくおきます。

真ん中をカットすると
きれいな断面が完成!

Finish

◎照り焼きチキンのおにぎらず

a
b
c
おにぎり
バリエーション
ごはんがおいしく
楽しく食べられる
裏技おにぎりをご紹介！
VARIATION
ONIGIRI
d
e
卵焼き器で
ごはんを巻くだけ
f

卵と鮭のコンビが色鮮やか！

ⓓ 鮭のだし巻きおにぎり

材料（2個分）と作り方

1. ボウルに温かいごはん180g、鮭フレーク適量を混ぜ合わせ、等分にしてラップで包む。卵焼き器の幅に合わせて筒状に丸める。
2. ボウルに卵1個を割り入れ、水小さじ1、白だし・砂糖各少々を加えて混ぜ合わせる。
3. 卵焼き器にサラダ油適量を中火で熱し、卵液の半量を流し入れて全面に広げ、かたまってきたら筒状にしたおにぎりをのせて巻く。もう1個も同様に（薄焼き卵をつくり、巻きすで巻いてもよい）。2〜3等分にカットし、断面にしば漬け（市販品）、スプラウトを各適量のせる。

薬味を使ってさっぱり味に

ⓔ かぶの葉としらすのおにぎり

材料（2個分）と作り方

1. かぶの葉2本分はよく洗い、1cm幅に切る。
2. フライパンにごま油小さじ2を中火で熱し、1を炒める。しんなりしたらしらす30gを加えて混ぜ、さらにめんつゆ（4倍濃縮）小さじ½、塩少々を加えて炒める。
3. ボウルに温かいごはん200g、2を混ぜ合わせ、味が足りなければ塩で調える。三角ににぎる。

のせるだけで豪華に！

ⓕ カニかまのおにぎり

材料（3個分）と作り方

1. ボウルに温かいごはん270g、和風だしの素小さじ¼〜½、ごま油小さじ½、塩少々を混ぜ合わせて3等分にする。
2. ラップを敷き、カニ風味かまぼこを3切れ並べてから1を1個のせ、ラップで包んで丸くにぎる。残りも同様にし、好みでゆずの皮を飾る。

相性抜群の和の具材でつくる

ⓐ 梅とひじき煮のおにぎり

材料（2個分）と作り方

1. カリカリ梅5個は種を取り、粗く刻む。
2. ボウルに温かいごはん200g、ひじき煮（P.121参照）大さじ2〜3、カリカリ梅を混ぜ合わせ、三角ににぎる。

甘辛たれの焼き肉でくるり

ⓑ 肉巻きおにぎり

材料（3個分）と作り方

1. 温かいごはん180gを3等分にして丸める。豚バラ薄切り肉を6枚用意し、2枚ずつおにぎりに巻きつけ、全体に小麦粉適量を薄くまぶす。
2. フライパンにごま油適量を中火で熱し、1を転がしながら焼く。
3. 肉に火が通ったら焼肉のたれ大さじ2を加え、全体に絡ませる。

卵焼きも入って食べ応えあり

ⓒ ランチョンミートむすび

材料（2個分）と作り方

1. 5mm幅のランチョンミートを2枚用意する。ボウルに卵1個を割りほぐし、砂糖小さじ½、塩少々を加えて混ぜ合わせる。
2. 別のボウルに温かいごはん200g、和風だしの素ひとつまみを入れて混ぜ合わせ、2等分に分けて俵形ににぎる。
3. 卵焼き器にサラダ油適量を中火で熱し、ランチョンミートを焼く。両面に焼き色がついたら取り出す。
4. 同じ卵焼き器にサラダ油適量を中火で熱し、卵液を全面に流し入れる。固まってきたら向こう側から手前に半分に折り、右から左へ半分に折りたたむ。ランチョンミート1枚分の面積になるように半分に切る。ごはん、薄焼き卵、ランチョンミートの順に重ね、のり適量で巻く。

ご褒美!

具だくさんで
究極に映える
見た目に!

ちらし寿司風 | 弁当

8種類の具材を用意。あとはごはんの上にバランスよく盛りつけ。
盛り方のコツさえ押さえれば、手軽に豪華なちらし風がつくれます!

◎ちらし寿司風

材料(1人分)

- ごはん…200g
- 牛薄切り肉…50g
- パプリカ(赤・黄)…各1/8個
- しいたけ…1個
- れんこんの薄切り(5㎜幅)…2枚
- オクラ…2本
- 冷凍ホールコーン…大さじ1
- むきえび…3尾
- ラディッシュ…1個
- シーズニングソルト…適量
- A
  - 水…120㎖
  - めんつゆ(4倍濃縮)…50㎖
  - みりん…大さじ1
  - 砂糖…小さじ1/2
- 和風だしの素…小さじ1/4

作り方

1. 牛肉は食べやすい大きさに切る。パプリカは種とへたを取って乱切り、しいたけは石づきを除き5等分に切る。れんこんは飾り切りをして食べやすい大きさに切る。オクラはガクを除き、斜めに半分に切る。コーンは解凍しておく。ラディッシュは薄くスライスし、塩少々(分量外)をふってもみ込む。
2. フライパンにサラダ油(適量)を中火で熱し、えびを焼く。火が通ったらシーズニングソルトをふって取り出す。フライパンをペーパータオルできれいにし、Aを入れて中火で熱し、ひと煮立ちしたられんこんを入れて3分ほど煮る。パプリカ、しいたけ、オクラを加えて2分ほど煮て、野菜を取り出す。同じつゆに牛肉を入れて3分ほど煮る。
3. ごはんに和風だしの素を混ぜ合わせてお弁当箱に盛り、2、ラディッシュ、コーンをのせる(盛りつけ方はP.140で紹介)。

GORGEOUS!!

肉は四隅と真ん中あたりに
“5点置き”します。

しいたけは肉の横あたりに
“5点置き”します。

黄色のパプリカもしいたけと同様に
“5点置き”します。

れんこん4切れを隙間を
埋めるように配置します。

パプリカ（赤）は彩りを意識して
バランス良く置きます。

えびは立体的に
目立たせて盛ると◎。

Finish

◎ちらし寿司風

オクラを盛る

オクラも斜めに立てて
立体的に盛ります。

ラディッシュを盛る

ラディッシュはひとつまみずつ
花びらのようにプラスします。

コーンを盛る

仕上げの彩りに隙間部分を
コーンで埋めて完成!

時間がないときは
これ!

ケチャップ味が
冷めても
おいしい!

ホットサンド | 弁当

ソーセージをまるごと挟んでプレスしたホットサンドは
片手間でつくれて忙しい朝に最適。カットすると見た目も華やか!

◎ホットサンド

材料(1人分)

- 食パン(6枚切り)…2枚
- ウインナーソーセージ…4本
- 卵…1個
- シーズニングソルト…小さじ½
- スライスチーズ…1枚
- トマトケチャップ…適量

作り方

1. ボウルに卵を割りほぐし、シーズニングソルトを加えて混ぜる。
2. フライパンにサラダ油(適量)を中火で熱し、卵液を流し入れて薄めの卵焼きをつくって取り出す。同じフライパンにサラダ油(適量)を中火で熱し、ソーセージを焼く。
3. 食パンの片面にそれぞれケチャップを塗り、1枚に四角く切った薄焼き卵、ソーセージ、もう1枚にチーズを並べ、ホットサンドメーカーで片面3分ずつ焼く。縦半分に切ってお弁当箱に詰め、好みでフルーツを添える。

片面約3分ずつ
焼いたら完成です。

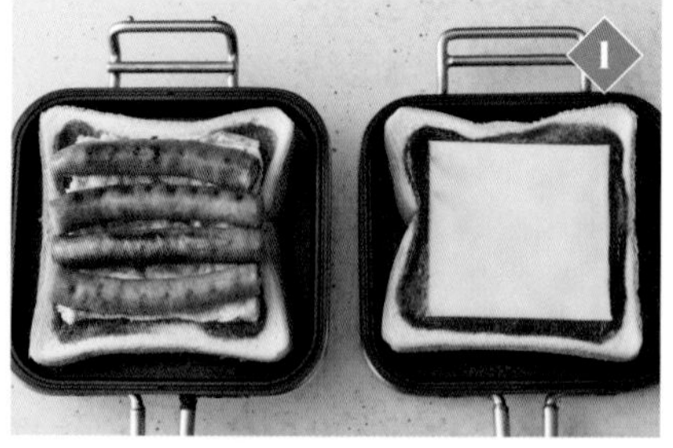

片面に薄焼き卵とソーセージ、
もう片面にはチーズをオン。

Chapter 4.

主食のバリエーション

簡単なのに
この見栄え！

ミニサイズで
つまんで
食べられる

行楽 | 弁当

SNSで「つくってほしい」という声が多かった行楽弁当。
主食類は、いかに簡単に豪華に見せるかにこだわりました♪

◎四海巻き

材料（作りやすい分量）

- 温かいごはん…150g
- 卵…1個
- A
  - 白だし…小さじ½
  - 砂糖…ひとつまみ
- 和風だしの素…小さじ¼
- 塩…少々
- 赤しそふりかけ…小さじ½
- きゅうり…10㎝
- のり…½サイズ3枚

作り方

1. ボウルに卵を割りほぐし、Aを加えて混ぜる。フライパンにサラダ油（適量）を中火で熱し、卵液を流し入れて長細い厚焼き卵をつくる。取り出して2㎝角、長さ10㎝程度に切る。
2. ボウルにごはん60gを入れ、和風だしの素、塩を加えて混ぜる。残りのごはんに赤しそふりかけをまぶして混ぜる（好みのふりかけや鮭フレークでも）。
3. ½サイズののりの上7㎝程度を切り、だしごはんを広げ、きゅうりをのせて巻く。½サイズののりに赤しそごはんを広げ、きゅうりを巻いたのり巻きをのせて巻く。これを縦十字に切る。
4. ½サイズののりに3で余ったのりをくっつけて長さを出す。できあがりにきゅうりが四隅にくるよう、背中合わせに置き、真ん中に卵焼きを置き、四角になるように巻く（巻き方はP.147で紹介）。

1 きゅうりを巻く

きゅうりはのりの幅に
カットして端にのせます。

2 ❶を赤しそごはんで巻く

赤しそごはんをのせるときは
奥側3cmほどあけること。

3 ❷を4等分に切る

縦半分に切ってから
さらに半分にカットします。

4 ❸を重ねる

❸を背中合わせに置き
隙間に卵焼きを入れます。

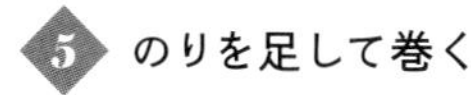

5 のりを足して巻く

足したのりを米粒でつけて
四角く巻いて完成!

Finish

◎四海巻き

行楽弁当の定番！

◎チューリップから揚げ

材料（作りやすい分量）

- 鶏手羽元…6〜8本
- A
  - しょうゆ・酒…各大さじ2
  - おろしにんにく・おろししょうが …各小さじ1
  - 塩・こしょう…各ひとつまみ
- B
  - 溶き卵…½個分
  - 小麦粉…大さじ2
- 片栗粉…適量

作り方

1. 手羽元はキッチンばさみで骨から肉と筋を外し、肉を骨先に押し出してチューリップ形にする。
2. ポリ袋にA、1を入れてよくもみ込む。できれば30分以上漬け、Bを加えてさらにもみ込む。片栗粉を全体にまぶす。
3. フライパンに揚げ油（適量）を170℃に熱し、2をカリッとするまで7〜8分揚げる。

市販の粉でお手軽に

◎アメリカンドッグ

材料（8個分）

- ホットケーキミックス…150g（1袋）
- 卵…1個
- 牛乳…70㎖
- 魚肉ソーセージ（またはウインナー）…2本

作り方

1. 魚肉ソーセージはそれぞれ4等分の輪切りにし、つまようじや竹串に刺す。
2. ボウルにホットケーキミックス、卵、牛乳を入れて混ぜ、1をつける。
3. フライパンに揚げ油（適量）を170℃に熱し、2をカリッとするまで揚げる。

断面がお花の形に！

◎ひまわり肉巻き

材料（作りやすい分量）

- 豚ロース薄切り肉…2枚
- 紫キャベツ…⅛個
- さやいんげん…3本
- ヤングコーン…2本
- A
  - 塩・粗びき黒こしょう…各少々
- B
  - 塩・粗びき黒こしょう…各少々
  - 小麦粉…小さじ½
- C
  - しょうゆ・みりん・砂糖…各小さじ1

作り方

1. 紫キャベツはせん切りにし、ラップをして電子レンジ（600W）で1分30秒加熱し、水気をしっかり絞る。さやいんげんも同様に30秒加熱する。
2. 豚肉を並べて広げ、内側にAをふる。豚肉の上に紫キャベツ⅔量を広げ、横向きにしたいんげんを縦3列に並べる（漢数字の三のイメージ）。いんげんの上にヤングコーンを横一列に並べ（漢数字の一）、残りの紫キャベツをかぶせて手前からきつく巻き、Bをふる。
3. フライパンにサラダ油（適量）を中火で熱し、2を焼く。肉に火が通ったらCを加えて照りが出るまで絡める。

具入りの韓国風卵焼き

◎ケランマリ(卵焼き)

材料(作りやすい分量)

- 卵…2個
- にんじん・パプリカ・ピーマン…各1/8個
- A
  - 鶏ガラスープの素…小さじ1/2
  - 水…小さじ2
  - 塩…少々

作り方

1. にんじん、パプリカ、ピーマンはみじん切りにする。にんじんはラップをし、電子レンジ(600W)で30秒加熱する。
2. ボウルに卵を割りほぐし、Aを加えて混ぜ、1を入れてさっと混ぜ合わせる。
3. フライパンにごま油(適量)を中火で熱し、2を少量ずつ流し入れる。卵が半熟になったら手前に巻き、巻いた卵を奥に寄せる。卵液がなくなるまで同様に繰り返す。

爽やかな色と香り

◎すだちおにぎり

材料(作りやすい分量と作り方)

ボウルに温かいごはん150gを入れ、すだち1/2個をしぼり、白いりごまひとつまみ、ごま油、塩、和風だしの素各少々を加えて混ぜ合わせる。ひと口大に丸め、好みですだちを飾る。

カリカリ梅がアクセント

◎梅と青じそのおにぎり

材料(作りやすい分量と作り方)

ボウルに温かいごはん150gを入れ、みじん切りにしたカリカリ梅5個、みじん切りにした青じそ3〜5枚、塩少々を加えて混ぜ合わせる。ひと口大に丸める。

つゆは水筒などに入れて冷たくして持っていくのがおすすめ

◎冷たい中華麺

材料(作りやすい分量)

- 中華麺(乾麺)…1束
- きゅうり…1/4本
- なす…1/4本
- A
  - 水…160mℓ
  - 中華だしペースト・しょうゆ・オイスターソース…各小さじ1/2

作り方

1. きゅうりはせん切りにする。ボウルに入れて軽く塩少々(分量外)でもみ、水気が出たら絞る。なすは格子状に切り目を入れ、食べやすい大きさに切る。フライパンにサラダ油(大さじ3)を中火で熱し、なすを揚げ焼きにする。
2. 鍋に湯を沸かし、麺を袋の表示時間通りにゆでる。ごま油(適量)をまわしかけ、ひと口大に丸めて1とともに器に盛る。
3. 耐熱容器にAを混ぜ、ラップをして電子レンジ(600W)で1分加熱する。調味料が溶けていなければ20秒ずつ加熱する。冷蔵庫で30分程度冷やして水筒などに入れ、2にかけていただく。

Favorite tools

愛用の道具たち

コツコツと集め、ようやく手にもなじむようになってきた道具たち。
お気に入りでそろえると料理がより楽しくなります。

Iron frying pan

【山田工業所の鉄製打ち出しフライパン】

直径20cm。合羽橋の釜浅商店さんで見かけて
6ヶ月待ちで購入。焼きも炒めも揚げも、
すべてこの1つでまかなえます！

Copper frying pan

【銅製の卵焼器】

日本橋木屋で購入。熱伝導が良く、
卵焼きがふわっとジューシーに仕上がるので
お弁当に入れてもかたくなりません！

Pie iron

合体！

【家事問屋のホットパン】

分解できて丸洗いできるのが魅力。
片方でウインナー、もう片方で卵を焼いて、最後合体させるなどの調理も可能。

Cutting board

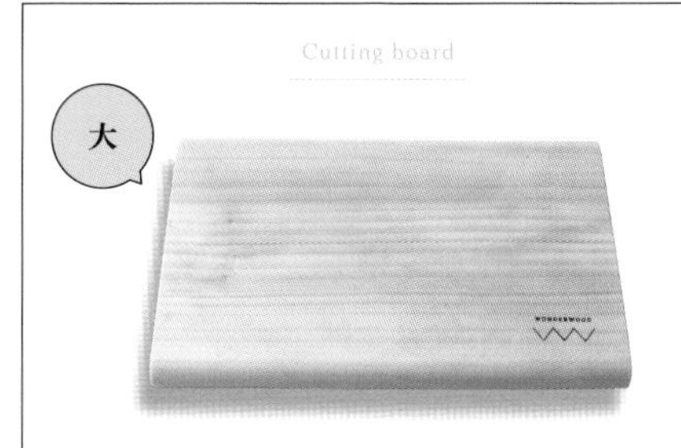

【WONDERWOODのまな板】

樹齢100年以上のいちょうから
切り出したまな板。木のまな板を使って
野菜を切ると夜のキッチンに
心地良い音が響きます♪

【日本橋木屋のミニサイズまな板】

15×15㎝。お弁当用おかずの粗熱取り、
カットに重宝するサイズ。お弁当づくりを
される方は1つ持っておくと便利!

Grater

【EAトCOのおろし金】

お弁当用に生姜1片だけすりおろしたい時に
重宝します! 洗うのもラクで水で流せば
繊維が詰まらないのも好きポイントです。

Cutter

【大泉合成のたまごカッター】

卵の断面の美しさはお弁当にとって
とても重要。使用頻度も高いので、
本当に買ってよかった道具の一つ!

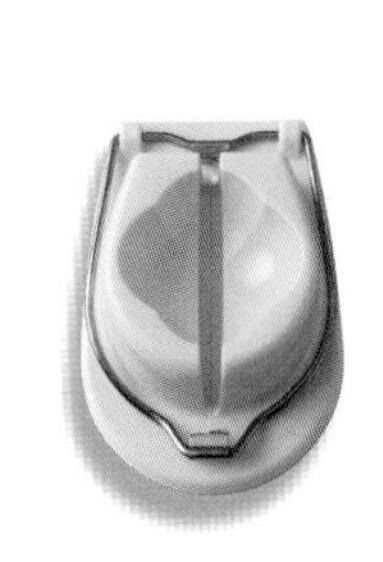

Knife

【庖丁工房タダフサのペティナイフ】

ミニまな板同様、詰める際のちょっとした
カットなどの細かい作業に使えます!
木の持ち手と優れた切れ味が好きポイント。

Bamboo mat

【100円ショップで購入した巻きす】

手巻き寿司用のミニサイズを100円ショップで
購入。卵一つでつくるだし巻き卵などの
形を整えるのにちょうど良いサイズ!

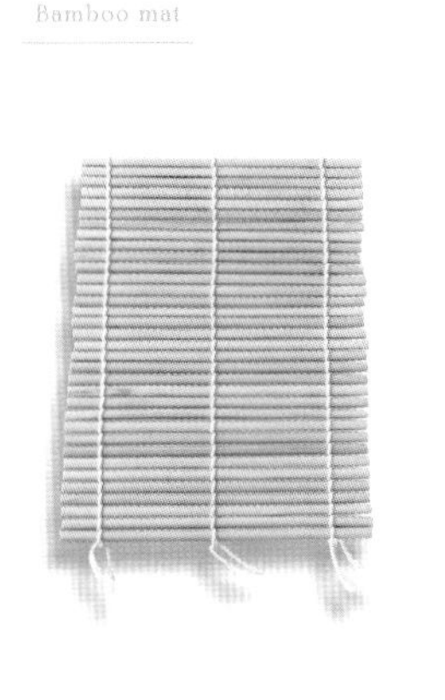

Favorite tools

Bowl & Plate

【ラバーゼのボウル・ザル・ステンレスプレート】

直径15㎝(小)。料理家有元葉子さんプロデュースのブランド。お米を2合浸水させるのにちょうど良いサイズ。プレートが本当に便利で、ボウルのふたとしてはもちろん、おかずの粗熱を取ったり、唐揚げの衣をつけるなど、バッドのようにも使えます。2セット持っていますが、プレートだけ追加購入しようと思っているほど!

使い方 1

ステンレスプレートはボウルの上に重ねて使用可

使い方 2

米を水に浸水させる際、このステンレスプレートをふたにすればこのまま冷蔵庫へ入れることも◎

使い方 3

お弁当に詰める前におかずをここに乗せておけて便利

Silicone bag

【Zip Topのシリコンバッグ】

レンジ使用可能なのが魅力。
お肉に下味をつけたり、レンチンして味付けをするナムルづくりなどに活躍します!

Cooking tray

【無印良品のバット・ザル】

一人暮らしのときに初めて購入したバットでお弁当づくりにぴったりなサイズ感。無印良品の商品は手軽に購入できるのも◎。

Chopsticks

【竹虎の盛りつけ箸】

盛りつけ箸なので食材をピタッとしっかり挟めるのが◎。スプラウトをあしらったりする細かい作業もやりやすい。

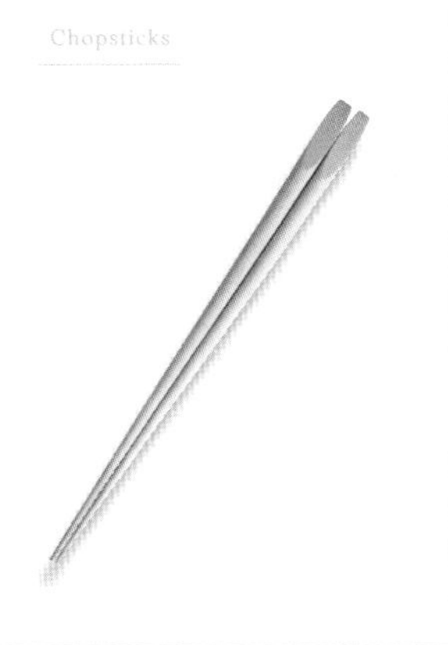

Tongs

【レイエのトング】

先端がスリムなので指先の延長のように使いやすいトング。中腹あたりは幅が広いので崩れやすい魚などもつかみやすいんです。

Measuring cup

【家事問屋の計量カップ】

小さい調理ボウルとして使うことが多く、塩もみや和え物をするときに使いやすい。注ぎ口があるので卵焼きにも◎。

Toolcare

道具のお手入れについて

扱いが大変なのでは？と思われがちなわっぱや鉄製フライパンですが、
素材の特性を知れば簡単に使えますし、
あっという間に自分になじむ道具になっていきますよ。

曲げわっぱのお手入れ

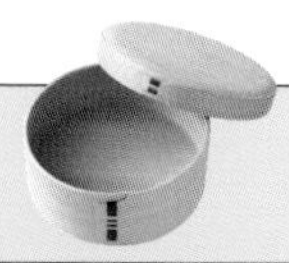

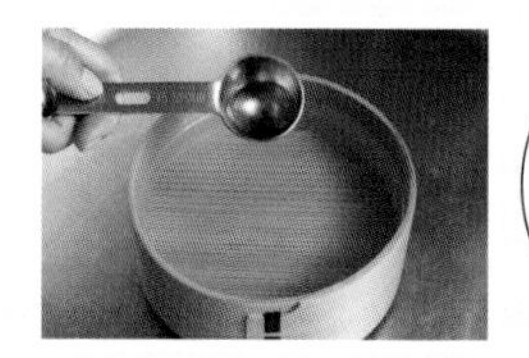

においがついてしまった場合

酢水につける

水をはり、酢大さじ2を入れて30分程度つけてから、湯で洗い流します。黒ずみの予防にも！

使用ポイント

十分に乾燥させる

水分はカビの原因となるので洗ったらよく拭き、開口部を上向きにしてよく乾かすのがポイント。

曲げわっぱについて

- こびりついたごはんが取れないときはぬるま湯に浸しますが、長時間の浸し過ぎには注意してください。
- 曲げわっぱは水分を残さないようにすることが大切なので、洗い終わった後に熱湯をかけるのも◎。気化熱で水分が蒸発し、乾きやすくなります。
- 無塗装のお弁当箱は、完全に乾くまで丸一日かかるとも言われています。乾燥が不十分な場合、カビ、黒ずみの原因となるのでいくつか用意し、ローテーションするのがおすすめです。

ウレタン塗装や漆塗装のもの

洗剤を使いスポンジで洗う

プラスチックのお弁当箱と同じように洗剤をつけて洗ってOKなので曲げわっぱ初心者さんにおすすめです。

無塗装のもの

洗剤はつけずスポンジで洗う

洗剤の使用長時間水につけておくことはNG。ごはん粒がくっつきやすいのでたわしでサッと洗います。

【棕櫚（しゅろ）たわし】

木製品はもちろん、ホーロー、ステンレスもOK。
製品雑菌の繁殖が気になる場合は、熱湯消毒をして天日干しします。

鉄フライパンのお手入れ

【棕櫚(しゅろ)のたわし】

曲げわっぱ同様、たわしは棕櫚のもの。
持ち手がついているので
フライパンや鍋などの
熱いものを洗うときに便利です。

熱いうちにたわしでよく洗う

使用後はすぐにお湯で洗い流し、
たわしで洗うのがポイントです。

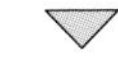

洗い終わったら弱火で乾かし、水分を飛ばす

水分を取り、完全に乾かします。
ここで油などをなじませる必要なし。

鉄製フライパンについて

- 使い始めの1ヶ月は、使用前にフライパンを加熱してから多めの油をなじませ、油が熱くなったら取り出すなどの作業を繰り返すと焦げつきにくく扱いがとってもラクに。
- すぐに水につけて冷やすのはNG。使用後はお湯で洗い流すようにしましょう。
- 使い始めにしっかりと油をなじませておけば、毎日使用後に油をなじませる必要もないので、意外と使いやすいのです！

銅フライパンのお手入れ

銅製フライパンについて

- 洗剤や、目の洗いたわしなどは使用せず、汚れは熱いうちに取るのがコツ。
- ペーパータオルで汚れを落とす際、少し油をなじませてもOK。油なじみがよく焦げつき防止にも◎。ただ、油の酸化、害虫が気になる方は塗らずに保管するのも良いそうです。
- 銅製フライパンは熱伝導率が良いので想像以上に早く鍋肌が高温になります。火加減には十分気をつけてご使用ください。

お湯でサッと洗いペーパータオルで拭く

油分を残すため、洗剤は使用せずサッと洗い、
ペーパータオルや布巾で汚れを取り除きます。

食材別index

きのこ類

卵・乳製品・豆腐

主食

おわりに

「今日もおいしく食べてくれるかな」「ふたを開けたときに笑顔になってくれるかな」と食べる人のことを思いながら楽しくつくりたいお弁当。一方で、普段の食事と違い、時間が経ってから食べるものなので、冷めてもおいしいように、傷まないようにと食べる頃のことを考えなければなりません。また、どんなにきれいに盛りつけても、持ち運ぶと崩れてしまうリスクがあるので、楽しさより大変さが勝ってしまうことも多いと思います。私も長年同じ悩みを抱えてきました。

何度も失敗しながら導き出したのは、「美しくておいしいお弁当は、技術やセンスよりもコツとルールだ」ということ。この本には、私が実践している詰め方のコツやルールを、様々なライフスタイルに合うように、できるだけシンプルにまとめました。あなたのお弁当づくりにそっと寄り添える一冊になれたら、こんなにうれしいことはありません。

つくり手の気持ちを感じ取りながら食べるお弁当は、きっと何倍も何十倍もおいしいはず。そう信じながらまた今夜もお弁当をつくります。

Hanaco

Hanaco

千葉県に生まれ、4世代同居の大家族で育つ。
幼少期から母をマネてキッチンに立つのが大好きだったお料理ラバー。
始発で出発する夫のために、毎日寝る前にお弁当をつくっていて、
その様子をInstagramで発信中。
意識しているのは「彩り豊かで心が躍るお弁当」をつくること。

Instagram：@hanaco_obento_

撮影	原 幹和
ブックデザイン	前田友紀・神尾瑠璃子・和田真依［mashroom design］
DTP	茂呂田剛・畑山栄美子［エムアンドケイ］
校正	株式会社 麦秋アートセンター
スタイリング	浜田恵子
撮影協力	UTUWA
編集協力	望月美佳
編集	小野結理［KADOKAWA］
Special thanks	じゅんこ

「詰め方」のルールがわかればセンスはいらない！
寝る前につくる 美しいお弁当

2024年2月22日　初版発行
2024年7月25日　4版発行

著者	Hanaco
発行者	山下直久
発行	株式会社KADOKAWA 〒102-8177　東京都千代田区富士見2-13-3 電話0570-002-301（ナビダイヤル）
印刷・製本	TOPPANクロレ株式会社

●お問い合わせ
https://www. kadokawa.co. jp/（「お問い合わせ」へお進みください）
※内容によっては、お答えできない場合があります。
※サポートは日本国内のみとさせていただきます。
※Japanese text only
定価はカバーに表示してあります。
ISBN 978-4-04-683027-2　C0077